擁抱你的內在家庭

Internal Family Systems

運用 IFS，重新愛你的內在人格，
療癒過去受的傷

suncolor 三采文化

美國諮商教育博士 留佩萱 著

獻給每一位保衛者：

謝謝你如此努力保護想保護的人，

辛苦你了。

獻給每一位被放逐的內在孩子：

你是重要的、有價值的，你是被愛的。

推薦序

用「自我」領導的方式生活

路易絲・埃爾曼博士（ＩＦＳ認證治療師）

這本書是在談論如何使用「內在家庭系統」理論（Internal Family Systems，簡稱ＩＦＳ）來幫助我們自我療癒，而我會接觸和學習ＩＦＳ，都是因為我的督導路易絲・埃爾曼（Lois Ehrmann）博士。埃爾曼博士是美國賓州創傷治療中心 The Individual and Family CHOICES 的創辦人，而 CHOICES 這個機構是我ＩＦＳ之旅的啟蒙點。於是，這本書我邀請埃爾曼博士幫我寫推薦序，以下是她的推薦序中文翻譯和英文原文。

我和佩萱是在二〇一二認識，她當時是我在賓州州立大學碩士班家庭諮商課堂中的學生。她聰明、美麗、在課堂中努力了解家庭如何在這個複雜的世界中運作。二〇一四年時我又遇見她，她來參加在 CHOICES 舉辦的「Lunch with Lois」活動，當時她已畢業，在社區一間機構工作。再一次，我可以從她的眼睛和靈魂中看到她飢渴地想要了解「內在家庭」知識，理解內在家庭系統如何在複雜的世界中運作、以及如何在我們既豐富又複雜的心靈、身體、和精神中運作。

從那時開始，佩萱沒有匆促地跑或跳進這個理論，而是展開翱翔地在「內在家庭系統」（IFS）治療模式課程中，她也同時回到賓州州立大學就讀博士班。博士班中，她申請到我們創傷治療中心做實習，因為中心許多同事已經認識她，大家都很開心她能夠加入我們。博班實習中，佩萱學習了許多我們中心做創傷治療的模式，像是「眼動減敏與歷程」（EMDR）、「內在家庭系統治療」（IFS）、「神經回饋」（Neurofeedback）、表達性藝術治療（Expressive Art Therapies），她也很快地上手並熟稔這些治療模式。雖然她在我們小小的社區諮商中心有很大的貢獻，很明顯地她注定要去完成一個更大的使命。對於能夠在她的旅途中，幫助她築起自己的路，我覺得榮幸也感到幸運。

她完成博班實習後，持續在 CHOICES 機構兼職諮商個案、累積時數拿到執照、同時也開始寫書。她給我幾本她寫的書，雖然很可惜地我無法讀中文，但從書中的一些圖案，我知道她正在和這間機構、這個州、這個國家以外的更多人分享。她跟我說她現在在寫的這本書不只是給治療師或是助人工作者，而是要寫給每一個人讀。

佩萱知道 IFS 有種獨特的語言，讓不同年紀或處境的人可以使用這樣的方式做療癒。從她自己個人和專業上的 IFS 旅程，她見證到了當我們能夠傾聽來自內在系統的智慧，我們就更能同理和理解。我記得在佩萱開始接觸 IFS 時，我告訴她，我自己剛接觸 IFS 時覺得自己精神錯亂，因為我在自己的 IFS 治療中，竟然在和內在的孩子們講話，更不可思議的，是他們竟然跟我回話！我告訴她，當時我的內在部分跟我分享的訊息，讓我自己展開了一場神奇的旅程、讓我處理過往的創傷。

從那刻開始，我看著佩萱踏入 IFS、開始認識她內在的各種不同部分、理解她的內在系統如何運作。然後她開始看見自己的「自我」（Self）和自我能量（Self energy），然後從那個內心來源，帶來多少療癒的力量。逐漸地，我見證佩萱開始沐浴在「自我」能量中，我也看到她開始身心實踐地用「自我」領導的方式生活。她變得有自信、有悲天憫人的情懷、清晰的思緒、也很專注。當她越能夠處在「自我」領導狀態中，她就越清晰知道她要往哪裡前進、以及知道她該怎麼做。

這本書代表了佩萱如何身心實踐ＩＦＳ中的「自我」。當一個人的生活是來自「自我」領導，就會想把這樣的療癒也帶給別人，這也是為什麼我當初在賓州中部創辦了一間創傷治療中心。對於佩萱來說，這本書就是傳達她對ＩＦＳ的愛給其他人，這是她傳達憐憫與療癒的方式，而能夠療癒，是每個人與生俱來的權利。

——下頁開始為推薦序英文原文，為符合英文閱讀習慣，請從 p11 開始由左往右、由後往前翻的方式閱讀。——

that was available to her from that source within her. Gradually I witnessed Peihsuan beginning to bathe in that Self energy and soon I saw her embody an amazing degree of Self leadership. She was confident, compassionate, clear headed and focused. The more embodied she became the more sense of direction she held knowing where she needed to go and how she needed to get there.

This book represents further embodiment of Self Energy for Peihsuan. Once someone is leading from Self in one's life there becomes a prompting to bring the message to others which is why I opened up the trauma center in central Pennsylvania in the first place. It was an extension of the compassion of IFS to others. For Peihsuan that is what this book is all about. This is her prompting of extending the compassion and the healing to everyone as their birthright.

was so elegantly sharing with people beyond our program, our state, and our country. She told me about this book that she was writing not just for clinicians or people in the helping field but instead for EVERYONE.

Peihsuan knows that IFS has a language that every person regardless of age or circumstance on the planet can use to access healing. From her own IFS journey both personally and professionally she has witnessed the powerful results of listening to your own inner system's wisdom for understanding and for compassion. I remember telling Peihsuan as she embarked on her own IFS path about how I initially felt a bit psychotic in my own IFS therapy because not only was I talking to these young child parts inside of myself but unbelievably so, they started talking back to me!!! I shared with her at that time the revelations that my parts shared with me which began a miraculous period of clarity that led me into reaching out to others in a search for resolution for past trauma.

From that point I watched Peihsuan touch into IFS getting to know her own various parts and subsystems and how they configured and worked. Then quite seamlessly it seemed she began seeing her own glimpses of Self presence and Self energy and the healing power

From there, Peihsuan took off not running, not jumping but flying and soaring through further training in the Internal Family Systems Model of Psychotherapy and heading back to PSU for her doctorate program. She applied to do her doctoral internship at our trauma center and because many of our staff knew her from the outreach program, our staff was so happy to have her join us. During her internship with us Peihsuan learned about many of the trauma reduction programs we offered our clients（EMDR, Neurofeedback, Internal Family Systems, Expressive Therapies）and she rather quickly began to master the models. Although she was always a bright contributor in our little healing community of therapists and clients, it was very clear that Peihsuan was meant to fulfill a much bigger mission. I felt honored and lucky to be along the journey with her as she began putting one foundational building block after another into place on that path.

After finishing her internship she stayed on at CHOICES and worked part time with our clients in the goal of getting hours to get her counseling license and she started writing books. She gave me copies of some of them and while I unfortunately cannot read Mandarin I saw the diagrams and the pictures and I knew what she

原文

Foreword

Lois Ehrmann, PhD, LPC, IFS Certified Therapist

I met Peihsuan in 2012 when she was a Masters degree student in the Family Counseling course I taught at the Pennsylvania State University in the USA. She was bright and beautiful and focused on getting the most she could in understanding how families operate in today's complex world. The next time I ran into Peihsuan was in 2014 when she took part in our CHOICES Lunch with Lois outreach program. She has graduated from Master's program and was working with families in a local-family-based program. Once again I could see the hunger in her eyes and spirit in her heart in trying to acquire all the information and knowledge she could, this time about our "internal families" and how they operated not only in this complex world but in the richness and complexity of our own psyches, bodies and spirits.

作者序

讓自己重新當一個人

留佩萱

這是一本花了三年才開始寫的書。

二〇一八年時我簽了這本書的書約，到二〇二一年，終於開始動筆。會隔這麼久，是因為我內心對於寫這本書充滿恐懼、焦慮、和矛盾情緒。

這是一本介紹「內在家庭系統」理論（Internal Family Systems Therapy，簡稱ＩＦＳ）的書，ＩＦＳ是我做心理諮商時主要使用的治療模式，我非常喜歡這個模式，所以有一部分的我對於寫這本書很興奮，希望可以將這個模式介紹給大家，讓大家可以療癒自己。

另一部分的我對於寫這本書充滿焦慮，這部分的我吶喊著：「妳憑什麼寫這本書？妳又不是專家！妳有辦法寫得讓大家讀得懂嗎？」雖然過去幾年我讀遍IFS書籍，也上了許多課程，這部分的我還是覺得：「不夠！妳還不夠了解，妳沒有資格寫這本書！」

也因為過去幾年的閱讀、上課、以及自己成為個案，讓我對IFS更理解，我意識到要了解這個理論不能只停留在認知層次，而是需要實際去體驗和感受。當我越了解這個理論，有一部分的我對於寫這本書就越感到恐懼：「我要怎麼把體驗式的內容寫出來？如果我寫不好，讓大家誤解這個理論怎麼辦？」

再來，我內心還有一個聲音說：「寫這本書時，不要展現自己的脆弱面，不要分享任何自己的故事，停留在理性層面，給予資訊就好！」然後另一個聲音反駁：「可是，我目前讀到讓我很感動的書，都是來自作者展現出的人性，不是書中提供多少資訊。如果這本書要和讀者有連結，那我也需要展現脆弱面。」

過去三年來，這些紛亂的聲音時常在我內心出現——「來寫吧！」「不行，還沒準備好！」「天哪我寫得出來嗎？」「不要分享自己的故事！」「如果要分享，我該分享多少？」「如果我分享自己脆弱面，別人會怎麼看待我？」「那不要寫好了！」

經過了三年的掙扎，終於在二〇二一年，我覺得可以開始寫這本書了。

我不需要完美，只要讓自己出現就好

會決定開始寫，並不是因為我準備好了。我內心仍然充滿上述各種矛盾與掙扎，每次打開稿子，內心都會冒出退縮的聲音：「我可以不要寫，繼續跟出版社延遲書稿就好。」

會決定開始寫，是因為我理解到：我不需要完美，因為我是人。沒有人是完美的，我無法等到完美了再來寫這本書，對我來說更重要的，是如何在不完美中，讓自己持續「出現」。

二〇二〇年爆發的新冠病毒肺炎疫情，讓我重新學習如何當個人類——我們每個人都不完美，但都很完整；我們都有缺陷，也都值得被愛；我們很脆弱，同時也很堅強；生命很易碎，同時也充滿復原力；我們都會犯錯，同時也在成長。

因為疫情帶來的焦慮、哀傷、生活型態的變化，讓我有機會去更貼近自己的不同面向——我有能力包容理解、能夠貢獻幫助他人；同時我也有侷限、有自私面、有不安全感、有恐懼、憤怒與無助。這些都是我，都是我的一部分，都是身為人類的感受與歷程。

當人類，真的很複雜。我們可能都被傷害過，也都當過那位傷害別人的人；我們被欺騙背叛，也可能欺騙背叛過別人；我們都做過讓自己後悔或羞愧的行為；我們渴望有歸屬感、希望被看見，但又害怕展現脆弱、害怕展現真實的自己後會被拒絕；我們努力了解自己，有時候卻又完全無法理解自己為什麼會做出這些行為；我們不願意原諒人，卻又希望我們傷害過的人可以原諒我們；我們感到快樂、喜悅、痛苦、悲傷、憤怒、忌妒、失望……，我們希望自己可以真實地活著，但又不斷推開生命中真實的情緒。

身為一個人，就是如此的複雜，我們都一樣，沒有誰比較優越或低劣，我們都有這些不同的部分、想法、情緒、行為，我們都很矛盾、有時無法理解。

而這本書，我想藉由介紹IFS，來幫助大家理解自己的各種不同面向、更認識自己、理解自己發生了什麼事情，以及，幫助自己療癒。

邀請你，走上療癒之旅

所以我決定開始寫這本書，我不是專家、也不完美，我還在持續學習內在家庭系統理論、繼續探索和理解自己，而我想邀請你一起踏上這趟療癒旅程。

這趟旅程並不會很容易順遂，而是會很顛簸，讀這本書可能會觸發你的情緒和痛苦，而我想邀請你去覺察，在每次情緒冒出來時，去歡迎他們、和他們待在一起一會兒。若這本書激起非常劇烈的情緒和創傷，我非常推薦你去找一位有創傷治療專業的心理師，幫助你一起處理議題。

另外，這本書需要你照著章節順序閱讀，我也邀請你慢慢地讀這本書，每讀幾個段落，就暫停下來，讓書中訊息慢慢沉澱、嘗試書中的練習。這個理論需要你實際去體驗和感受，唯有慢下來，才能讓理解進到你的心和身體裡。也邀請你準備一本筆記本，在閱讀時一邊記錄你內心的反應，這本書會邀請你做許多練習，當然，你不需要第一次閱讀時就做完全部練習，每次做你覺得適當的量就好。你是最了解自己的人，你知道自己需要什麼。

世界著名治療師歐文．亞隆（Irvin Yalom）提到，心理治療師和個案是「同路人」（Fellow travelers），治療師的角色不是「專家」、不是高姿態地要拯救人，而是和個案一起肩並肩地走著。這也是我寫這本書時腦中的畫面，當你踏上這條自我理解的路時，我會在你旁邊，和你肩並肩走著。

歡迎你踏上這條走進內心世界的旅程！

目錄

Part 2 ／ 走進內心，認識內在家庭

Part 3／成為「自我」領導者

Part 4／現在，你可以重新回家了

為什麼我們會有時溫和，有時暴躁，
上一秒和下一秒彷彿是不同人？
原來是我們內心居住的各種情緒「部分」，
掌控了我們的外在表現。

Part 1

你的內心，住著一個大家庭

01

邀請你走進內心世界

要「走進內心」也需要花一點時間練習，因為這個社會長期訓練我們把注意力放到外在世界。許多人很害怕進到內心世界，那裡就像是一大塊黑影，你害怕靠近、不想看見黑暗處有什麼。

在這本書一開始，我想請你先閱讀以下的句子，你有沒有經歷過以下這些想法或情緒呢？若有，可以在這些句子前面打勾。

□覺得自己要不斷工作，不可以休息

□自我批評：怎麼事情都做不好！自己怎麼那麼糟糕沒用！

□對於要拒絕人，內心覺得非常恐懼或內疚

□覺得自己不夠好、沒有價值

□批評自己的身材和外表

□明明不餓卻有想要吃東西的衝動

□對於朋友擁有的東西感到羨慕或忌妒（尤其看到朋友又貼照片去哪裡玩、去哪間餐廳吃飯、收到什麼禮物）

□花許多時間看社群網站上的貼文和照片，或花許多時間照相和編輯照片，讓你可以放上一張美麗的照片

□當你在社群網站上的貼文或照片得到不夠多關注時，覺得自己是不是不夠好

□擔心伴侶會喜歡上別人、拋棄你

□不斷擔心會發生很糟糕的事情

□覺得自己不夠美麗好看，沒有人會喜歡你

□因為擔心會被批評或害怕失敗，所以不敢嘗試新東西

□因為害怕要孤獨一個人，所以不敢跟伴侶分手

□覺得要照顧別人，別人的需求比自己的需求更重要

□當別人傷害到你時，感到憤怒

□經常和周遭的人做比較，覺得自己比較好時會感到優越；覺得別人比較好時，就感到羞愧、不如人

□想要控制一切，覺得事情一定要照著你的計劃進行

□生氣時，對伴侶（或家人、朋友、同事）說出傷人的話語，事後覺得很後悔

□沒自信，覺得自己什麼都做不好

□覺得在別人面前要展現出很完美、快樂、一切都很好的樣子

□覺得非常孤獨、沒有人真的理解你

□追求完美主義，覺得什麼事情都要做到完美，不可以犯錯

□對於生活覺得提不起勁，沒有動力

□覺得非常憂鬱

□批評別人、見不得別人好

這些情緒和想法，你經歷過哪些？如果覺得幾乎每一種都經歷過，那麼你一點都不孤單。我曾經在課堂中做過這樣的小活動，我請班上的研究生讀這些句子，如果有經歷過以上情形，就在句子旁打勾，而每個句子旁都有非常多的勾。

我們每個人都會經歷這些情緒或想法，這是非常正常的。可能對你來說，某些內在聲音比較劇烈、有些比較輕微，而有些聲音你可能非常熟悉，因為他們住在你心裡很久了。

接下來，請再回去讀一遍以上自己勾選的句子，這次則是思考：你對於這些想法、情緒、或內在聲音有什麼感覺呢？當他們出現時，你通常如何反應？有沒有哪些想法你很喜歡，而另外一些想法卻很討厭呢？

以我自己為例子，我內心總有個很大聲的聲音總是跟我說：「妳要工作！不可以休息！」這部分的我很會安排每天行程、列出代辦清單、善用時間，讓我每天可以完成許多事情。通常我都非常喜歡這個聲音，也對於自己很有生產力和效率，感到很驕傲。

但是休息時，這個聲音還是會出現，持續在腦中吶喊：「妳怎麼可以休息，要工作！沒有生產力的時間就是浪費！」有時候這個聲音讓我在放假時又開始工作，這時我就會冒出其他情緒：對於這個聲音感到生氣、對於休息感到內疚、對於放假還工作感到不滿。

這是我自己的一個小例子，對於上述清單中列出的情緒和想法，我也有不同的感受——有些聲音我很喜歡、有些則很希望他們趕快消失。而有些，讓我非常不想承認自己居然有這些情緒和想法！

也請你花一點時間，挑幾個你很熟悉的情緒或想法，思考一下：你對於這些情緒或想法有什麼感覺？你喜歡他們嗎？討厭他們嗎？這些內在聲音出現時，你都怎麼回應呢？請打開筆記本，寫下你觀察到什麼。

邀請你，走進你的內心世界

你所勾選的上述句子中，或許有一些讓你很想把他們趕走、希望他們消失，而市面上也有許多心理學書籍在幫助你對抗、改變、或趕走這些想法。

但這本書的目的並不是要把這些不喜歡的聲音趕走，我想要介紹一個新的方式，幫助你可以抱著好奇心認識這些想法或情緒，和他們建立不一樣的關係。

這個新的方式也不是我發明的，而是來自於一個我學習好幾年、在諮商中主要使用的治療模式，叫做「內在家庭系統治療」（Internal Family Systems Therapy，簡稱ＩＦＳ，書中接下來會使用ＩＦＳ替代）。這個治療模式叫做「內在」家庭系統，也就是說，需要你「走進內心」：把注意力放到自己的想法、情緒、身體感受，去觀察內在發生什麼事情。

要「走進內心」也需要花一點時間練習，因為這個社會長期訓練我們把注意力放到外在世界，我們習慣從外界獲得讚賞、肯定、滿足感。許多人很害怕進到內心世界，那裡就像是一大塊黑影，你害怕靠近、不想看見黑暗處有什麼。

於是，我們發展出各種方法，讓自己不需要去感受內在經驗。譬如當我感到焦慮時，就會開始瀏覽社群網站，讓自己逃離當下的焦慮感受。你可能也有類似經驗，當感到焦慮時，就開始漫無目的地滑手機、追劇、逛網購……。美國心理治療師蘿蕊·葛利布（Lori Gottlieb）在著作《也許你該找人聊聊》中就說：「網路」是非常有效的「止痛藥」，可以幫助我們暫時逃離痛苦。紀錄片《智能社會：進退兩難》（The Social Dilemma）中一位開發社群網站的軟體工程師也說，社群網站就像是「電子奶嘴」，幫助我們在焦慮不舒服時，轉移注意力。

而這本書，我想藉由介紹「內在家庭系統治療」，幫助你走入內心世界，帶著光去照亮內心深底的黑暗處，看看那裡有什麼。

把想法和情緒，想像成你的內在家庭成員

跟個案介紹IFS時，我常會提到電影《腦筋急轉彎》，還沒看過《腦筋急轉彎》的人，我非常推薦這部電影。這部電影描繪了小女孩萊利腦中的不同情緒角色——樂樂、憂憂、怒怒、厭厭、驚驚，每個情緒都是住在她腦中的一個小角色，幫助她面對每天出現的挑戰。

同樣的，我想邀請你把上述勾選的聲音、情緒、和想法，想成來自內心的不同角色——你內心有不同人物在跟你說話！在IFS中，我們稱這些內在人物叫做「部分」(parts)，他們就像是住在我們內心的人們（或稱作「次人格」），各自有著不同的情緒、想法、信念、和行為。

聽到「內心住著不同人格」，你可能會有點緊張，害怕是不是自己有問題，畢竟主流西方心理學理論都認為人是單一心智。但是IFS理論認為人是多元心智，也就是說，我們內心有多重人格（不同「部分」），是很正常的。我想邀請你抱著開放與好奇的心態，試試看用這樣的觀點理解自己。

就如同一個家庭中成員間會互動，我們的內在部分彼此間也會互動。譬如我內心有個很強烈的「照顧人」部分，常常覺得要滿足別人的需求，所以會接下許多工作和講座、讓我失去休息時間。我內心另一個部分對於「照顧人」非常不滿，常指責「照顧人」部分：「妳為什麼又答應這麼多事情？不是說了要練習拒絕嗎？」而當內心出現這些爭吵讓我感到焦慮時，「分心」部分就會跳出來，讓我用滑社群網站轉移注意力。

那你呢？你的內心住著哪些部分？他們都在跟你說些什麼、彼此之間如何互動？如果可以製作一個描繪你內心世界的《腦筋急轉彎》電影，這部電影中會有哪些角色？他們會長什麼樣子？

你的內心，有一整個大家庭

你或許有聽過「內在小孩」這個詞，而我現在要跟你說——你內心不只有個內在小孩，而是有一整個內在家庭，這個內在家庭有各式各樣的成員：小孩、青少年、成年人、或是非人類的角色，他們每個人都有自己的想法、信念、做不同的事情。

他們都是我們的內在「部分」、住在我們內心的不同人格。而ＩＦＳ相信：每個內在部分都是想要幫助我們，都是非常重要的。

你可能會很困惑：我內心的聲音不斷批評我、對伴侶感到忌妒、讓我暴飲暴食……這些行為怎麼會是要幫助我？很多時候，我們的內在部分被凍結在過去，他們以為你還是個無助的小孩、卡在過去的處境中，於是依然沿用過去的方式，不知道你現在已經長大成年，擁有更多資源與方法。

而ＩＦＳ治療並不是要把這些部分趕走，而是幫助我們重新認識與去愛每個內在部分。我們內心世界的人際關係，映照著我們外在世界的人際關係。如果你很討厭自己的脆弱面，就同樣會很討厭另一個人展現的脆弱面；當你對自己的身材很羞愧，就會常常批評別人的身材；當你無法跟自己的悲傷情緒待在一起，也就無法跟別人的悲傷情緒共處……。

當我們能夠去接納自己的每一個部分，就能夠去接納其他人，而ＩＦＳ就是要幫助你改變和自己內在世界的關係。

內在家庭系統模式可能對你來說非常的新奇，你可能會覺得很困惑，而我想要邀請你，抱持著開放的心胸、讓自己嘗試去理解。也請把筆記本準備好，一邊閱讀時一邊做筆記，記錄你的內心狀態、以及即將認識的，住在你內心的人們。

你準備好進入自己的內心世界了嗎？

02

把你的內心，想像成一個家

每當不同內在部分進到你心中的客廳、操控著「主控台」，便讓你呈現不同情緒、行為、想法、以及用不同角度和態度看待世界。

一行禪師（Thich Nhat Hanh）曾經用房子和客廳的比喻來形容人的意識和心智，在這裡，我也用類似的比喻來講解內在家庭系統理論（IFS）——請把你的內心想像成一棟有兩層樓的房子。樓上有個客廳，樓下有許多房間。

想像這棟房子是你內在部分住的家，平常這些內在人格都住在樓下的房間裡，當他們覺得被需要時，就會進到樓上客廳。如果用電影《腦筋急轉彎》來做比喻，這個客廳就是電影裡有「主控台」的地方。如同電影中「怒怒」掌控主控台時，小女孩萊利就會開始發脾氣，你的不同內在部分進到客廳、操作主控台，決定你有哪些情緒、想法、或行為。

譬如寫這份稿子時，我的客廳就出現好幾個內在部分——「作家」在打字，而「焦慮」在旁邊走來走去，不斷碎碎念：「妳有辦法把這個主題寫清楚嗎？妳寫這些內在不同人格，會不會讓讀者很困惑？」而面對焦慮很不舒服，所以另一部分開始讓我分心，讓我寫作時常常打開電子郵件或社群網站，轉移注意力。

或許正在閱讀這本書的你，內在客廳也出現好幾個部分：可能有個「喜歡學習」的部分讓你拿起這本書、想要幫助自己療癒。也可能有另一個部分充滿疑惑：「什麼？你說我的內心有不同人格，這是什麼意思？我有問題嗎？」或者，有另一個部分的你正在擔憂生活中的其他事情，讓你無心好好專注閱讀這本書。

邀請你現在暫停手邊動作，花一點時間，去覺察現在內心的客廳有哪些人和聲音呢？請拿起筆記本，寫下你觀察到的內在部分——他們有哪些聲音、想法、和情緒？他們現在在說些什麼？

不管現在你的客廳出現了哪些內在部分，我想跟這些部分說聲「嗨！」，也邀請你跟他們打個招呼。你內在家庭的每一個角色都是重要的、都是被歡迎的。如果你現在內心有個部分對我書寫的內容感到懷疑，這也是非常正常的，這個部分在幫助你不要輕易相信任何事情，他在做的事情非常重要呢！

不同心理學派用不同理論來解釋人的心智，或許ＩＦＳ所提的「多元心智」對你來說非常新，你也不用立刻接受這些內容，我邀請你抱著開放好奇的心態，嘗試用這個角度來探索自己。

誰在操控主控台？

一天當中，不同內在部分會進到客廳中，幫助我們面對生活中的各種事物。譬如寫書稿時，我的「作家」部分就會出現寫作；在研究所教課時，我的「教授」部分就會授課、帶領學生做討論。

這就是為什麼許多人在不同場合時，就好像完全不一樣的人——工作時非常嚴肅不苟言笑，和熟悉的朋友相聚時可以輕鬆詼諧；有人平常非常害羞退縮，但是一站到舞台上表演時全身充滿自信。

每當不同內在部分進到客廳、操控著「主控台」，便讓你呈現不同情緒、行為、想法、以及用不同角度和態度看待世界。

有些時候，我們年幼的內在部分也會被觸發，譬如你現在已經四十歲了，但每次回老家和父母親互動時，父母親的話語依然讓你感到無助、痛苦、不知所措，因為內心「小孩年紀」部分出現了，你彷彿變回了小孩子。

不同IFS書籍用不一樣的方式比喻內在部分（parts），如果有使用智慧型手機的話，也可以把你的內在部分想成手機中的App。一天當中，根據不同需求，會去點選螢幕上不同的App——收信時會點開郵件App、要查天氣時會點開天氣預報App、要查地點時會點開地圖App、聽音樂時會點開音樂播放App……。

每一個App就像是一個內在部分，根據一天中發生的情況，讓他們在適當的時候出現。

有時候，可能是周遭的人觸發了你的情緒App，譬如伴侶說的一句話，點開了你的「生氣」App，於是憤怒掌控了主控台，讓你開始指責伴侶；或者同事的言語讓你覺得被貶低，開啟了「攻擊」App，於是你開始用尖酸刻薄的話反擊。

另一個我很喜歡的比喻是開車，當你的某個內在部分坐上了駕駛座，他就成為那個掌控大局的人。

若「愛批評」部分坐上駕駛座，你就開始用批評眼光看待事情、不斷批評別人；若「憤怒」部分坐上駕駛座，你就成為了憤怒，可能做出傷害人的行為。

這些不同比喻都在解釋我們內在有非常多不同「部分」，有著不同想法、行為、和情緒。

當不同部分站上主導位置時，你就會出現不同想法或情緒。

讀到這裡，我想邀請你暫停下來反思：你的內心世界是什麼樣子？哪些部分常常出現在客廳中？哪些部分經常主導你的生活？以及，這些內在部分之間的關係如何？他們相處得好嗎，還是常常會吵架？

你內心的家，有戰爭嗎？

對於許多人來說，他們的內在家庭就像是有一場永不停歇的戰爭，無時無刻都有不同的內在部分在互相吼罵、攻擊、貶低對方。

譬如，可能有一部分的你大吼：「趕快把工作辭掉，不要花時間做你不喜歡的事情！」而另一部分大叫：「辭掉工作會充滿未知，待在熟悉的環境就好！」一部分的你喊：「跟伴侶分手吧，這段關係已經枯死了！」而另一部分的你說：「分手後就要孤獨一個人，可能以後再也找不到伴侶了。」一部分的你憤怒地說：「你就是這樣什麼都做不好，才沒什麼成就，你怎麼這麼笨？」還有一部分每天批評你的身材：「你怎麼又胖了！」

我猜想，許多人對於吵鬧的家庭場景並不陌生，而許多人的內心世界也是這個樣子，像一場戰爭，內心的不同部分互相攻擊、責備對方。

如果你發現自己的內在家庭非常吵雜紛亂，恭喜你，你覺察到了，覺察是改變的第一步。

你可能很想把某些部分趕走，或是叫他們安靜閉嘴，這些也都很正常。

這本書，我想邀請你去認識你的內在部分——他們為什麼需要這樣做？他們想要幫助你什麼？邀請你做以下這個小活動，開始覺察你的內在部分。

探索內在

開始自我覺察

試著回想最近發生的一個讓你產生情緒反應的事件（譬如：和伴侶吵架），邀請你閉上眼睛，讓自己回到那個事件當下，然後仔細覺察內心出現的情緒、想法、和身體感受（譬如：感受到很不受重視）。然後，把這些反應和感受視為來自你內在部分的訊息，花一點時間去了解這些部分（譬如：去了解這個「感覺不被重視」的部分），你可以在筆記本上寫下這些答案。

1. 這個部分如何出現？當下你有什麼情緒、想法、或身體感受呢？
2. 你在身體的哪裡感受到這個部分？你會如何描述這樣的感受？譬如感覺到

緊繃、還是沉重？溫度是冷還是熱？這個感受的大小如何？

3. 如果我們可以放個麥克風到這個部分旁邊讓他說話，他會說什麼？

4. 如果可以幫這個部分取名字，你想要叫他什麼？他有什麼圖案、顏色、或形狀嗎？邀請你可以在筆記本上畫下這個部分。

5. 你對於這個部分有什麼感覺呢？（你歡迎他嗎？還是想趕走他？還是對他充滿好奇？）

這些答案都沒有對或錯、也沒有標準答案，如果你覺得你沒有答案，也沒關係，認識自己的內在部分需要時間。接下來幾天，我邀請你每天觀察自己的內心世界，當你覺察到內心冒出不同情緒、想法、或身體感受時，可以暫停下來，感受一下：這是哪個部分？他在說什麼？他在哪裡？

覺察也需要練習，當我們越去覺察，就能越快覺察到，慢慢地，你就能認識你內心的豐富世界。

03

進到「自我」，成為內在家庭的領導者

我們內心除了有不同「部分」（parts）外，還有一個「自我」。當你的內在部分能夠暫時跟你分離，剩下的就是你的存在、你的本質。

讀到這裡，你可能會感到疑惑：如果我內心有這麼多不同部分，那麼到底哪個才是真正的我？我到底是誰？

這是一個非常重要的問題，而在回答這個問題之前，我想先介紹內在家庭系統治療（ＩＦＳ）模式是怎麼建立的。ＩＦＳ的創辦人里查．史華茲博士（Richard Schwartz）當初是從個案身上聽到他們談論自己內心的不同部分，而建立這個治療模式。

好的壞的，每個部分都是重要的

一九八〇年代，史華茲博士是一位剛畢業的家族治療師。不同學派的治療師對於如何做心理諮商有不同觀點，家族治療的訓練過程告訴他，個案的問題源於家庭成員之間的關係議題。所以，相較於一般治療師把重點放在個案的內心，家族治療師會把家庭當作系統來看待，認為改變了系統中的人際關係，就可以解決個案的問題。

當時史華茲博士治療許多患有厭食症和暴食症的個案，但是卻發現即使改變了和家庭成員間的關係，他們飲食失調的行為還是沒有改變，這讓史華茲博士非常受挫，於是他開始詢問個案：你和家人間的關係已經改變了，為什麼還繼續卡在這些行為中？

然後，他開始聽到個案們談論來自內心的不同聲音，個案們用「部分」（parts）這個詞來形容內心的不同聲音和想法，就好像是他們內心住著不同人。譬如一位女性個案黛安說，有一部分的她很悲觀，不斷說：「妳做什麼都沒用，不可能會好的！」；另一部分的她覺得很羞愧、自己很糟糕；以及，她內心還有另一部分對於悲觀感到很憤怒。

史華茲博士對於個案的內在聲音非常感興趣，家族治療的訓練讓他習慣用系統角度去看待成員間的關係，於是他也開始用系統角度去理解內在部分——就如同家庭成員會吵架，他發現這些內在家庭成員也會吵架、有爭執。

史華茲博士開始請個案和他們的內在部分對話，而讓他訝異的是，許多個案真的能夠和心裡的內在聲音對話。譬如史華茲博士請黛安問她的「悲觀」部分：「為什麼你要讓我這麼無助？」而「悲觀」回答：「我讓妳悲觀，妳就不會保持希望，這樣才不會受到傷害。」

原來，這個「悲觀」部分，是想要保護黛安。史華茲博士發現，每一個內在部分，都是想要保護我們。

唯有真的願意走進內心世界，才會知道裡面有什麼

讀到這裡，邀請你暫停一下，閉上眼睛做幾次深呼吸，把注意力放到你的內心世界——現在你覺察到哪些情緒、想法、反應呢？請在筆記本寫下你的觀察。

如果有一部分的你對於「跟內在部分對話」感到非常困惑，你一點都不孤單，我也是。

不只是我，史華茲博士當時聽到個案談論內心不同聲音、還能跟內心不同人對話時，他非常恐懼擔憂，認為他的個案們是不是「瘋了」。直到後來他開始嘗試進到自己內心，發現：原來他內心也住著各種不同人格。

二〇一五年我開始學習 IFS，當時我被 IFS 吸引，但也同時充滿困惑

和懷疑。我高中和大學都念三類組、沒有宗教信仰、凡事要有科學佐證、我只相信眼睛看得見的東西。

當時「內在小孩」的概念對我來說就只是一種「比喻」，我可以「想像」我在跟他們說話，但是IFS卻說這些內在部分會回話，讓我無法理解——如果他們會回覆，並且這些回應不是我捏造出來的，這樣表示他們是真的？這是什麼意思？難道我的內心真的有不同人格？這樣我正常嗎？

當時我上IFS課程時，對於課程中的諮商演練都會非常焦慮，當治療師引導我跟內在部分對話時，我會不斷思考分析：這樣做是正確的嗎？要怎麼聽到內在部分的回應？我聽不到任何聲音啊？難道要編造一個答案給治療師嗎？

現在回頭看，我意識到過去的我都是用「大腦」在過生活——不斷「思考」和「分析」，停留在大腦層面。過去幾年來，即使幾乎讀遍每本IFS書籍、上過許多課程，我仍是用大腦在理解IFS，不斷「分析」自己的內心部分。

直到我找了一位IFS治療師，自己當了個案後，才終於慢慢從大腦轉移到身體去感受和體驗——我開始練習和內在部分對話，然後發現，原來當我願意傾聽時，真的能接收到來自內心的訊息。

現在的我，對於人類內心的複雜和奧祕感到驚嘆，我理解到很多事情不是眼睛能看見、或科學能證明的。學習ＩＦＳ為我開啟了一場新的旅程——我讓自己真正走進內心世界，而不是去「分析」內心世界。

不管你現在相不相信這些內在部分是不是真的，我都想邀請你，讓自己暫停下來，去仔細傾聽內心深處的聲音。

唯有真的願意走進內心世界，才會知道裡面有什麼。

如果你內心有許多部分，那麼你到底是誰？

回到一九八〇年代，史華茲博士看到個案能和內在部分對話後，他開始帶著個案去理解內在部分。

某次諮商中，史華茲博士問個案黛安：「妳對於這個『悲觀』部分有什麼感覺？」黛安開始憤怒地責備「悲觀」帶給她多大的痛苦。史華茲博士回想到，黛安之前有提過內心有另一個部分對於「悲觀」很生氣，而現在在諮商室中，似乎就是這個「憤怒」部分在說話，在責罵「悲觀」。

想像諮商室中有位小孩和父親，若父親不斷批評孩子，心理治療師就很難理解孩子，因為孩子在憤怒的父親面前不敢說實話。這時，治療師可能會請父親暫時到諮商室外等候，憤怒的父親離開後，小孩才願意說實話。

同樣地，史華茲博士發現，因為「憤怒」不斷責備「悲觀」，讓黛安無法去聆聽「悲觀」想說什麼，所以史華茲博士問黛安：「問問看『憤怒』願不願意暫時離開一下？」

沒想到，「憤怒」部分還真的答應、願意先離開。

在「憤怒」離開後，史華茲博士立刻觀察到黛安肢體狀態有很大的改變，她變得很柔和平靜，說她其實很感謝「悲觀」部分，原來是想要幫助並保護她。

史華茲博士開始在其他個案身上運用同樣的方式，請個案邀請那些激烈的內在部分先暫時離開。當內在部分離開後，個案們都能夠進到一個平靜的狀態：有同理心、憐憫心，和好奇心，去理解內在部分。

當個案們進到這樣平靜狀態時，史華茲博士問：「這是哪個部分的你？」個案們回答：「這不是任何一個部分，這就是『自我』(Self)。」

從治療個案中，史華茲博士發現：我們的內心除了有不同「部分」外，還有一個「自我」(Self，IFS中提到Self時會用大寫的S)。當內在部分能夠暫時跟你分開，剩下的就是你的存在、你的本質——這就是你的「自我」(Self)。

邀請你做個小活動來感受「自我」狀態：請你閉上眼睛，觀察此時此刻有哪些內在部分，然後試著請這些內在部分站到旁邊，讓你和他們之間拉出一點空間。過程中去感受當內在部分和你分開時是什麼感覺？以及，當他們都離開後，剩下的你是誰？那是什麼感覺？

「自我」(Self)是一種狀態，是你的存在，這樣的狀態是一種感受，較難用語言來描述。

當我們處在「自我」狀態時，你從陷入情緒想法中，變成了一位觀察者，可以清晰地觀察到你的情緒和想法。

若用交響樂團來比喻，你的「自我」就是交響樂團的指揮，演奏不同樂器的人是你的內在部分，而有了「自我」指揮的領導，交響樂團就能演奏出和諧的樂曲。如果用智慧型手機做比喻，內在部分是手機上的App，「自我」就是主螢幕畫面，你可以看見不同的App，選擇要開啟或關掉哪些App。

當一個人進入到「自我」狀態時，會擁有八個特質，在IFS中稱為「8Cs」：平靜（Calmness）、有同理慈悲心（Compassion）、好奇心（Curiosity）、勇氣（Courage）、連結（Connectedness）、自信（Confidence）、創造力（Creativity），以及覺得清晰（Clarity）。

西方許多心理學認為，童年時期沒有好好被愛的人，不會知道如何愛人、也無法擁有上述這些特質。

但是史華茲博士從個案身上看到，不管一個人過去經歷多少創傷和童年逆境，我們每個人都能進入「自我」狀態、都能展現這些特質。

或許「自我」狀態對你來說是一個很新的概念，邀請你在接下來幾天，去覺察自己的內在部分，譬如告訴自己：「我觀察到現在憤怒的部分冒出來」、「我觀察到批評人的部分出現」……

光是能夠覺察，你就幫助自己和內在部分拉出一點距離，你不再是你的部分，而是成為了觀察者，能夠去認識內在部分。

邀請你，去感受進到「自我」狀態的感覺。

04

重新愛你的內在家庭成員

許多書籍和心理學派，都是教我們如何採取「對抗」的方式，把負面行為或想法趕走。但ＩＦＳ認為：這些行為都是想幫助你，我們可以去理解他們，然後重新愛他們。

到目前為止，我大致簡單介紹了內在家庭系統治療理論（ＩＦＳ）——你的內心世界有各種不同「部分」（parts），如果用內在房子的比喻，平常這些部分住在樓下的房間裡，當他們覺得被需要時，就會出動到樓上的客廳，就像是電影《腦筋急轉彎》中情緒角色操作主控台，當這些部分出現在客廳時，就會用他們的情緒、想法、和看待事情的方式，幫助你面對事情。

除了內在部分外，你還有一個「自我」（Self），「自我」是你的存在與本質，當你處在「自我」狀態時，就能成為一位觀察者，並且能抱著好奇心與同理去與內在部分互動。

回到房子的比喻，其實你這棟內在房子，不只有兩層樓，還有一個地下室。你的某些內在部分住在這個幽黯的地下室裡——這些被關在地下室的，通常是受創的內在孩子。

各司其職的內在部分

這是什麼意思呢？為什麼這些內在孩子會被關在地下室？以及，你會不會好奇，為什麼你的內在部分這麼愛批評你、這麼喜歡比較、常常對伴侶感到忌妒？他們為什麼會做這些事情？

如同前面提到，IFS認為人是多元心智，所以我們內心有不同部分是很正常的。

而這些部分現在有的行為，通常是因為過去發生的傷痛，讓他們開始承擔某些責任，他們認為，必須這樣做才能保護你。

譬如你六歲時被性侵，而不敢跟父母說、或說了卻被指責，讓你覺得孤立無助、恐懼、困惑、羞愧、覺得自己有問題……。

身為一位孩子，我們還沒有能力處理痛苦，需要大人幫助我們調節情緒，而當周遭的大人無法協助時，我們就剩自己一個人要面對這些痛苦情緒。

但是，感受這些情緒實在是太痛苦了，為了要保護你，一部分的你承擔起性創傷痛苦，這個部分被你的內在系統趕到地下室、離開你的意識，讓你能夠繼續「正常」過生活、不被痛苦淹沒。

IFS稱這些部分為「被放逐者」（exiles）——他們替我們承擔痛苦，被趕出內心意識。

就算你已經成年了，這位被流放的部分依舊被凍結在六歲，攜帶著羞愧、痛苦、覺得自己有問題。

除了這位內在孩子承擔你的痛苦外，其他部分也開始擔起不同責任：有一部分的你在每次被性侵時，就會讓你解離、讓你「離開」身體，以及讓你麻痺情緒。另一部分不斷說：「這件事情沒什麼大不了的，一點都不嚴重啊！」以及，另個部分讓你努力念書、學業表現優異、出社會後埋首工作、得到好的社經地位，得到周遭人的欽羨與讚賞。

這些部分在做的事情——身心解離、麻痺情緒、告訴自己發生的事情不嚴重、埋首學業和工作，都是想要保護你不用感受痛苦，ＩＦＳ稱這些部分叫做「保衛者」（protectors）。

同樣的，就算你已經成年，這些保衛者也被凍結在過去，依舊做同樣的行為來保護你——讓你麻痺感受不到情緒、常常解離、成為工作狂不斷追求成就。

我們的內在系統非常有智慧，為了要保護我們，內在部分承擔起各種責任，而他們至今仍然被凍結在這些信念和行為之中。

每個內在部分，都是想保護你

我再來舉幾個例子，或許從這些例子中，你可以看到相似的內在部分。

五十多歲事業有成的高薪男性主管，有著小時候常常被霸凌的過去，他內心有位被凍結在七歲的小男孩，覺得羞愧無助。為了幫助他不用感受痛苦，這位七歲小男孩的部分被放逐，保衛者部分則開始掌控大權：有一部分讓他麻痺情緒；另個部分讓他埋首工作、不斷升遷，眾人對他的薪水和頭銜稱羨，讓這位主管覺得自己很重要。

但有時候他會覺得很空虛，每當自己快感受到那位七歲小男孩的痛苦時，「酗酒」部分就會跳出來，把自己灌醉。每當工作不順遂，讓他感到羞愧時，「暴怒」部分就會跳出來，對下屬辱罵，暴怒行為讓他覺得充滿力量。

二十五歲的女性上班族，從小被媽媽嘲笑數落身材胖，她內心有一位被凍結在九歲的小女孩，覺得自己很醜、沒價值、不會有人愛。為了要讓自己有價值，有一部分的她瘋狂購買昂貴的衣服和首飾，每天花大量時間打扮自己。另一部分的她常常批評辱罵自己：「妳怎麼這麼醜、這麼胖！妳要再努力減肥！」每當她感受到那位小女孩時，「暴飲暴食」部分就會跳出來，開始狂吃東西，接著催吐。她花了不少錢做醫美整型，但是不管多少人讚美她的外貌，她的內心聲音還是持續批評她長得很醜、沒價值。

三十五歲的男性創業家，從小不斷被拿來跟哥哥比較，他內心有一位被凍結在八歲的小男孩，覺得自卑、不如人。於是，一部分的他成為工作狂，把所有時間都拿來工作，獲得成就與讚賞。另外，還有一部分的他喜歡批評數落別人，因為批評別人可以讓自己感到優越、就不用去感受自己不夠好的痛苦。

讀完這些例子，你有什麼情緒和想法呢？是否發現內心也有類似的「被放逐者」？你內心的孩子們是否也攜帶著羞愧、沒有價值、不會有人愛、以及自己不夠好的信念？

以及，你是否也有類似的保衛者？——為了不讓你感受痛苦，保衛者努力獲取成就和名氣、成為工作狂、麻痺感受、遺忘過去、解離、成癮、暴怒、自我批評、暴飲暴食、追求完美、批評別人……，雖然這些行為可能會對你造成傷害，但是保衛者堅信，為了保護你，他們必須要這麼做。

讀到這裡，請你暫停一下，閉上眼睛做幾次深呼吸，把你的注意力放到內心，觀察你現在有哪些情緒、想法、和反應？你有哪些內在部分？你對他們又有什麼感覺呢？

愛你的每一位內在部分

身為一位IFS治療師，我非常榮幸有機會能夠去認識每一位個案的內在部分，我對每位保護者都充滿尊敬，並理解他們都盡全力要保衛你。

做IFS治療並不是要把內在部分趕走、或是強迫他們改變，因為你的每一位內在部分——不論你喜不喜歡他們現在做的行為——都是非常重要的。許多心理學派都是教我們如何採取「對抗」的方式處理不喜歡的行為或情緒。而我從IFS中學到：每一個部分都是想幫助你，都需要我們的傾聽、理解、與關愛。身為ＩＦＳ治療師，我要幫助個案重新去認識並且去愛他們的內在部分。

而我說的去愛內在部分，不只是愛那些被放逐的受創小孩，還有好好愛我們的保護者——

愛那位努力獲取成就、地位和名氣的部分；

愛那位麻痺情緒、解離的部分；

愛那位酗酒的部分；

愛那位使用暴怒行為的部分；

愛讓你瘋狂購物、欠下許多卡債的部分；

愛內心那位不斷說你不夠好的自我批評者；

愛那個讓你躲起來暴飲暴食，然後接著催吐的部分；

愛那位很追求完美的部分；

以及愛那個喜愛批評別人的部分。

或許你現在很討厭自己的某些部分、對自己感到失望無助，或許過去的傷痛讓你覺得自己破碎了。不管你現在有哪些議題，我想跟你說：你完全沒有「問題」、也沒有破碎。這些讓你困擾的行為、聲音、情緒，都是來自你內心的部分，他們會這麼做，都是為了想保護你。

而現在這些內在部分需要的，是你的傾聽、理解、與好好愛他們。我們每個人，都有能力去愛內心的每個部分。

這本書的目的，是要幫助你去認識自己的內在部分、並且練習與他們建立良好的關係。當然，這本書無法取代實際做心理治療，若閱讀這本書觸發你劇烈的情緒和創傷回憶，建議你去找一位治療師進行心理諮商，這本書最後面我也會列出ＩＦＳ書籍和資源。

在翻到下一章節前，我想先請你暫停下來，回去翻你的筆記本，反思到目前為止，你理解到什麼、觀察到什麼？ＩＦＳ理論對許多人來說很新，你可以重新閱讀前幾篇文章、再讓自己多理解一點，等你準備好後，再繼續閱讀。

你的內在部分在等著你去認識他們，他們等你等很久了。

探索內在

認識你的內在家庭

「內在家庭系統治療」（Internal Family Systems Therapy，簡稱ＩＦＳ）理論中有許多詞彙，為了幫助你記得這些詞彙，在此整理這本書出現的詞彙，在讀這本書的過程中，你可以時常回來翻閱這個小辭典。

名詞：存在於內心的「部分」與「自我」

「部分」（Parts）

ＩＦＳ認為人是多元心智，每個人內心都有許多次人格，稱作「部分」。在本書中，我會使用詞彙「內在部分」、「部分」、「內在人格」來形容這些內心次人格。IFS將內在「部分」分成兩種角色：「保衛者」與「被放逐者」。

「保衛者」（Protectors）

保衛者做的行為都是想要保護你、讓你不要感到痛苦，保衛者又分為「管理員」（Manager）和「救火員」（Firefighter）。「管理員」幫助你掌控計劃每天生活、確保你的內在傷痛不會被觸發；「救火員」則是在你內在傷痛被觸發時趕緊跳出來，做出其他行為來「滅火」，幫助你不用感受痛苦。

「被放逐者」（Exiles）

當過去發生痛苦事件時，「被放逐者」部分承擔起你當時無法處理的情緒、然後被流放到意識之外。這些被放逐者通常年紀很輕，是被凍結在過去的內在孩子。在這本書中，我會使用的詞彙包含「被放逐者」、「受創的內在孩子」、「被放逐的內在小孩」來指這些攜帶痛苦的被放逐部分。

「自我」（Self）

我們內心世界除了有不同「部分」（Parts）外，還有一個「自我」（Self，IFS中會用大寫的S）。「自我」並不是一個「部分」，而是你的存在與本質，是一種狀態。當我們處在「自我」狀態時，你會感覺到平靜、有同理慈悲心、好奇、勇氣、連結、自信、創造力，以及覺得清晰。當我在書中寫著進到「自我」、處在「自我」狀態，都是指你回到這樣存在的本質。

延伸名詞

「重擔」（Burdens）

我們的內在部分會攜帶某些情緒、想法、能量、或信念，IFS稱作「重擔」。某些重擔來自過去發生在你身上的痛苦事情，而有些重擔源自於更早的祖先或這個社會文化，稱作「繼承重擔」（Legacy Burdens）。當我們幫助內在部分療癒時，就能幫助他們「卸除重擔」（Unburden），卸下他們揹負許久的情緒與信念。

動詞：自我與部分的行動，形成了不同的我

「混合」（Blend）

當我們被某個內在部分「混合」（Blend）時，那位內在部分坐上了駕駛座、開始操作主控台——你成為了那個部分、沉浸在那個部分的情緒和想法中、從那個部分的眼光和角度看待事情。

和部分「分離」（Unblend）

當我們意識到自己被部分「混合」後，可以幫助自己和這個部分「分離」（Unblend），讓你和這個部分之間拉出一點空間，你不再是這個部分、而是成為觀察到這個部分的人。

「自我領導」（Self-led）

當你的「自我」是內心世界的領導者時，就進到自我領導狀態，成為了領導內在部分的人。你的「自我」就像是交響樂團的指揮、指揮著內在部分的和諧相處。

內在家庭系統（IFS）的自我（Self）與部分（Parts）

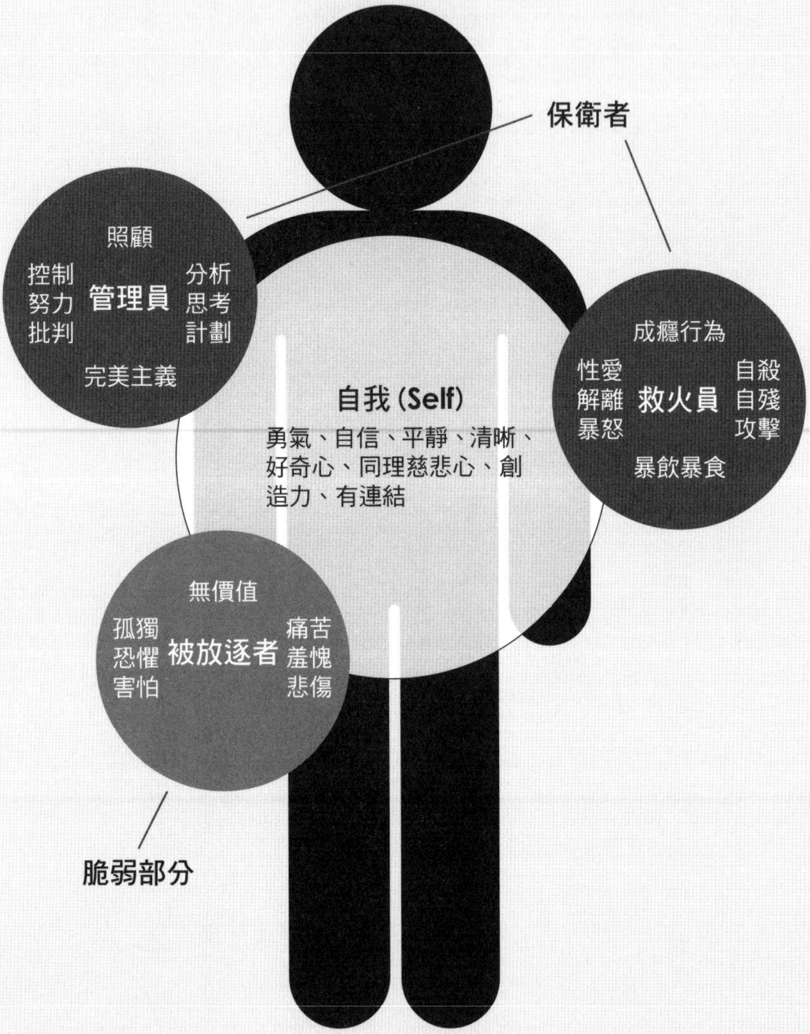

內心的「部分」角色

內在部分（Parts）分成「管理員」(Managers)、「救火員」(Firefighters)、以及「被放逐者」(Exiles)。「管理員」與「救火員」承擔保護你的工作，讓你不用感受痛苦。而「被放逐者」則是攜帶過去創傷痛苦的脆弱部分。除了「部分」(Parts) 外，你還有一個「自我」(Self)。「自我」是你的本質與存在，並不屬於任何部分，當你進入「自我」狀態時，可以感受到平靜（Calmness）、有同理慈悲心（Compassion）、好奇心（Curiosity）、勇氣（Courage）、連結（Connectedness）、自信（Confidence）、創造力（Creativity），以及覺得清晰（Clarity）。當你能用這樣的「自我」狀態來領導內在部分，就能成為「自我領導」(Self-led)。

內心的「部分」	職責	角色	作用或感受
保衛者	保衛者做的行為都是想要保護你、幫助你不要痛苦。	管理員	幫助掌管你每天生活、確保內在傷痛不被觸發。管理員常見的行為包含：控制、努力、照顧、審判、計劃、自我批評、分析思考、完美主義……
		救火員	在內在傷痛被觸發時，會趕緊跳出來滅火，做出其他行為讓你不用去感受痛苦。常見的救火員行為包含：成癮行為、性愛、暴飲暴食、解離、暴怒、自殘、自殺……
被放逐者	幫助你承擔過去痛苦事件中的情緒與痛楚，然後被放逐到內心意識之外。		被放逐者通常年紀都很輕（但也可能是成年年紀），被放逐者常攜帶的情緒包含：羞愧、無價值、害怕、恐懼、悲慟、失去、孤獨、匱乏、痛苦。

當你需要被督促，管理員就會開始緊迫盯人；
當傷痛被觸發，救火員就會用盡方法讓你不用感受情緒；
過去痛苦的記憶並沒有消失，而是被某些部分攜帶著，
他們被流放到內心的意識之外，使你不再被折磨。
現在，讓我們走進內心，
一一認識這些部分，並給予他們溫柔的擁抱。

Part 2 走進內心，認識內在家庭

05

每個內在部分，都是為了保護你

在IFS中，「保衛者」有兩種角色：第一種是「管理員」，確保你的生活都在預期掌控內；第二種是「救火員」，當你內心傷痛被觸發時，就會趕緊衝出來「滅火」。

在寫這本書時，我正在接受內在家庭系統（IFS）治療的正式訓練課程。這個課程為期一年，總共有六次三天課程，因為疫情改成線上上課，我在電腦螢幕前，和其他來自美國各地的心理治療師一起學習這個治療模式。

每一次的三天課程，都要做分組諮商演練——一個人當治療師，一個人當個案，一個人當觀察者，每天輪流換角色，每一組也會有一位課程助教帶領指導。某次的諮商演練，我在當治療師時並沒有表現很好，隔天換另位學員當治療師，我當觀察者。這是我第一次和這位學員同組，他使用IFS的技巧讓我驚豔——他是受訓以來，我觀察到最有自信、並熟練使用這個模式的治療師。觀察他的諮商，讓我對前一天自己的表現更感到羞愧，很想鑽個洞把自己藏起來。

接著，我的內心開始批評他的表現、找出他做不好的地方：「他其實沒有做得很好啊！依照這個模式，這裡他應該要這樣回應才對吧！」還好，因為學習IFS許久，我能夠很快覺察到自己的內在部分——我的「評價人」出現了！這個部分喜歡批評別人，因為藉由批評人，我就能感到優越，這樣才不會覺得自己很糟糕。

我的「評價人」部分，就是IFS所稱的「保衛者」（Protectors），這些保衛者非常努力地幫助你，他們會做許多行為來幫助你不用去感受痛苦。如同我的「評價人」部分，她想要藉由批評別人，讓我不用去感受羞愧。

寫出自己的例子也讓我很緊張，有一部分的我說：「如果寫出妳內心會批評人，這樣大家會怎麼看妳？」但我還是想寫出來，因為我想告訴大家，有這些行為或想法都是很正常的——我們會評價人、會批評自己、會忌妒、會比較……，我們都有這些部分，你我都一樣，接納這些部分，就是允許自己當個人類。

而我們可以用不一樣的眼光去看待保衛者：為什麼這部分需要批評人？需要事事做比較？需要不斷批評自己？這些保衛者想要幫助我們什麼？

認識你的管理員和救火員

身為一位心理諮商師，我很榮幸有機會在諮商室中認識個案的保衛者。我對每位保衛者都感到欽佩與尊重，這些保衛者都非常盡責地做自己認為該做的事情，都很努力地在保護想保護的人。

在IFS中，「保衛者」分成兩類，第一類稱做「管理員」（Managers），第二類稱做「救火員」（Firefighters）。這兩部分都是為了保護我們不用去感受受傷痛的內在小孩們，但他們的做法不太一樣。

管理員

「管理員」確保你每天的生活都在掌控與預期之內、讓你做好所有該做的事情、讓你完美、受到重視與讚賞，確保你的生活不用展現脆弱面、也預防遇到任何會觸發內心的傷痛事情。

當我開始認識自己的管理員時，才理解到原來我有一群十分努力的管理員們，其中一個最被大家喜愛的，就是我稱為「女超人」的部分——這位女超人非常會規劃時間，確保我善用每分每秒，她讓我能在美國順利讀完碩士和博士、找到教職工作，在以前念博班以及現在一邊工作時，都能挪出時間寫書、寫文章、辦講座。在她眼中，除了工作和生產力外的其他事情就是浪費時間。

除了女超人外，另一個經常出現的管理員，是「照顧者」部分——她對於別人的要求都會衝動下先說好，她覺得有責任和義務滿足別人的需求、應該要照顧人。這個「照顧者」確保我不會讓別人感到失望、會受到別人的稱讚和喜愛。

以下是常見的管理員部分做的行為：

- 控制人、很喜歡分析事情
- 批評別人、自我批評
- 把心力花在照顧別人、擔憂別人
- 將每一件事情規劃好、要掌控人生
- 忙碌、工作、追求各種成就
- 悲觀
- 壓抑情緒、麻痺情緒，不展現脆弱面，只展現快樂的一面
- 完美主義，什麼事情都要做到最好
- 常常批評自己的身材和外貌

- 讓你活在舒適圈，過安穩的生活；確保你不要跨出舒適圈、不要做任何有風險的事情、不要做改變
- 討好人、安靜
- 服從、順從，不要展現不同意見
- 遵守文化下的規範（女性應該要怎麼樣、男性應該要怎麼樣……）
- 在意別人的眼光、活出別人期待的樣子
- 覺得該做社會大眾覺得好的工作

但是，不管你的管理員如何努力，生命中還是會發生某些事件，觸發內心埋藏的傷痛。這時，我們的另一種保衛者「救火員」就會衝出來。

救火員

顧名思義，每當你內心傷痛被觸發時，救火員就會趕緊衝出來「滅火」。他們會用盡一切方式讓你「離開」，不用去感受情緒，像是：暴飲暴食、埋首工

作、沉迷社群網站、花錢消費、滑手機、逃避……等等。

更激烈一點的救火員行為包含自殘、酒癮、吸食毒品、性愛成癮、其他成癮行為、暴力攻擊、解離、自殺意念、自殺行為……。

當你內心「起火」時，救火員就會立刻衝出來滅火，而他們的目標就是滅火，所以會做任何行為達到目的，不管這樣的滅火方式是否會對你造成傷害。

讀到這裡，你觀察到自己有哪些管理員和救火員呢？他們通常什麼時候會出現？會做些什麼事情？請拿出筆記本，把你觀察到的保護者記錄下來。

用不一樣的角度看待你的保衛者

不論是管理員或是救火員，他們的目標都是要保護你——管理員讓你每天生活都在掌控內，不會觸發內在傷痛；而當你的內在傷痛被觸發時，救火員就會跳出來，想盡辦法滅火，讓你不用感受痛楚。

雖然他們的行為皆是出自保護目的，但通常管理員會被這個社會讚賞，而救火員則是被這個社會指責。

我們讚賞高成就的人，這個社會也用學歷、工作頭銜、薪水、社經地位來定義一個人的價值，在這樣的社會文化氛圍下，常常讓我們的管理員更激烈地主導我們的人生。

而救火員經常被這個社會批評與指責——自殺、自殘、暴怒、成癮行為、飲食失調……，社會大眾認為這些行為是羞恥、是有問題的、是不對的，許多心理治療學派也會把這些行為看成是心理疾病，要趕快消除。

而學習ＩＦＳ對我最大的影響，就是讓我能用不一樣的眼光看待這些保衛者，我了解這些行為都是來自保衛者的保護意念，個案沒有問題，也沒有生病。你的管理者和救火員都是想要幫助你——這些長期以來忠心耿耿又努力工作的保衛者，不管他們現在在做哪些行為，都是認為自己需要這麼做，才能保護你。

邀請你拿起筆記本，寫下你覺察到的管理員和救火員，然後看著這些保衛者，並思考：你原來對他們有什麼感覺呢？當你知道他們是想要保護你，對他們又是什麼感覺？

你的任何感覺都沒有對錯，只要覺察到就好。

接下來，我想邀請你抱著好奇心來認識你保衛者，因為他們每個人都非常重要，都需要你的傾聽與理解。

探索內在

認識你的保衛者

請選擇一位保衛者部分，然後花一點時間認識這位保衛者，你可以在筆記本上寫下這個問題的答案：

1. 這位保衛者叫什麼名字？
2. 當這位保衛者出現時，你有什麼感受呢？（包括情緒和身體的感受，你覺得這個部分在你身體的哪個部位？或在身體周圍哪裡？）
3. 這位保衛者在說什麼？或讓你做出什麼行為？
4. 這位保衛者攜帶哪些信念和想法？

5. 這位保衛者從什麼時候開始出現的？出現多久了？感覺起來像是幾歲呢？
6. 這位保衛者在幫助你什麼？在保護你什麼？
7. 如果你可以畫出這位保衛者，這位保衛者長什麼樣子呢？

這些問題都沒有標準答案，邀請你可以用這些問題更認識自己的保衛者部分。

06

認識保衛者——看見心中盡責的親職化小孩

過去發生的事件讓保衛者覺得他必須承擔重大職責，就算我們現在已經成年，這些親職化小孩仍被凍結在過去，持續做同樣的事情。

在我任職的心理諮商研究所，會固定教一門課叫做「原生家庭」，這是每位碩士生第一個學期必修的課。教這門課常常會讓我很緊張，因為其他課都會有已經認識的學生，而這門課，全班都是我第一次見面的新生。

我觀察到，在第一堂課時，我的大腦會對學生自動做許多假設：這位外表很陽剛的學生應該不會願意分享脆弱面吧、這位學生看起來很理性、那位學生看起來很愛評價人……我的大腦會用刻板印象來分類，因為對大腦來說，要處理太多新資訊實在是太累了，所以會落入這樣簡化的分類中。

破除刻板印象魔咒

如果沒有覺察到這些刻板印象，就很容易陷入刻板印象來和對方互動，譬如面對那位「看起來喜歡評價人」的學生，我的防衛機制就可能會先啟動，然後用「被評價」的角度來解讀學生的舉動。我猜想你可能也有這樣的經驗，譬如剛到一個新工作環境，你感覺到有一位同事好像不是很友善，於是也開始疏離對方、把他所有行為都解讀成在針對自己。你並沒有真的去認識和理解這位同事，而是用假設去和對方互動。

通常上了幾堂課後，我發現第一堂課的刻板印象都是錯的——外表陽剛的學生經常在班上展現脆弱、看起來愛評價人的學生其實非常支持人。當我能放下刻板印象和偏見，好好和這些學生互動時，才能真正認識他們。

面對我們的內在部分，也是一樣。

很多時候，我們用刻板印象來看待這些部分——「自我批評」就是很喜歡批評辱罵、「悲觀」就是覺得無望沒救了、「完美主義」就是覺得什麼都不夠好……。我們認定這些部分所做的行為和想法，就是他們的本質。於是我們努力想改變他們、或是把他們趕走。

但如果事情並不是這樣呢？

會不會你的「自我批評」部分其實一點都不想批評，只是認為必須羞辱你才能激勵你？或者，有沒有可能你的「完美主義」部分其實對於當一個工作狂覺得好累，他很想休息放鬆，卻認定自己必須一直這麼做？以及，會不會你的「悲觀」部分其實對未來充滿希望，卻還是認為需要讓你悲觀？

如果這些內在部分表現出來的行為或想法，並不是他們真實的本質，那麼，他們又是誰？在承擔起這些責任前，他們是什麼樣子呢？如果不用做這些工作，他們又想要做什麼？

自我批評部分，是想幫助你完美

還記得這本書Part1提到的黛安嗎？黛安是史華茲博士剛畢業時諮商的個案，當時史華茲博士從個案們身上聽到他們談論自己的內在部分，這些部分就像是住在內心的不同人，有不同的聲音和想法。

黛安內心有一個很強烈的「自我批評」部分，常批評她「沒價值、沒有能力」。而如同我們會用刻板印象來看待人一樣，當時史華茲博士也認為「自我批評」部分就是愛批評，所以他想努力改變和消除黛安的自我批評者。

諮商中，史華茲博士放一張空椅子請黛安和「自我批評」部分對話。黛安跟「自我批評」說她至今的各種成就，但「自我批評」總是輕蔑地回應她：「妳就是很沒用、非常無能！」看到黛安和「自我批評」部分吵起來，史華茲博士也加入戰局，告訴「自我批評」部分：「黛安其實非常有能力、非常有才華。」而「自我批評」則回覆：「如果你覺得你可以幫她，那麼你也很無能！」

史華茲博士嘗試各種方法幫助黛安趕走這個「自我批評」部分——他請黛安想像把這部分放進箱子裡封印起來、請黛安每天重複述說自己的正向特質、或是嚴厲地叫他閉嘴走開。但這些方法不但沒用，還造成反效果，黛安內心的自我批評越來越嚴重，憂鬱程度也越來越劇烈。

終於，史華茲博士用盡各種方法後氣餒地跟「自我批評」部分說：「我放棄對抗你了，但我很好奇，為什麼你這麼堅持要讓黛安覺得自己沒有價值呢？如果今天黛安覺得自己有價值，你擔心會發生什麼事情？」

而「自我批評」部分的態度軟化了下來，回應：「如果今天黛安自我感覺很好，那麼她就會變成一個肥胖又懶惰的人。」

史華茲博士繼續詢問，「自我批評」說：「我很努力想要激勵黛安變得更好、更完美，如果不完美，她就會被別人拒絕。如果我不這樣批評，她就會鬆懈下來，讓自己一直吃然後變胖，她小時候就是因為身材胖所以被同學嘲笑。」

黛安小時候因為身材圓潤，常常被同學嘲笑，而為了不要讓黛安再有機會被嘲笑，「自我批評」每天羞辱黛安，告訴她「妳很無能、沒價值」，希望黛安可以藉此保持完美。

黛安的「自我批評」部分就是保衛者中的「管理員」，確保她每天可以展現完美、不會被拒絕，讓黛安不用去感受羞愧情緒。而現在黛安已經成年了，她的「自我批評」仍被凍結在過去，以為黛安還是個無助的孩子。

很多時候，我們的保衛者也被凍結在過去，也還是個小孩。

保衛者，就像是親職化小孩

英文中有一個詞叫做「Parentified Child」，翻成中文叫做「親職化小孩」，意指那些需要承擔起大人責任的小孩。

想像現在有一個家，父母親長期有嚴重憂鬱、酗酒等問題，很多時候都躺在房間床上、無法擔任家長的責任。於是，家中最大的九歲女兒開始承擔大人的職責，她煮飯、打掃家裡、督促弟妹寫作業和睡覺……，這些親職化小孩成為了家中的「大人」，這位九歲小女孩認為她需要做這一切事情，因為如果她不做，整個家就無法持續運作了。

我們的保衛者們，就像是親職化小孩，過去發生的事件讓他們覺得自己必須承擔大人的職責。就算我們現在已經成年，這些親職化孩子仍舊被凍結在過去，認為必須持續做同樣的事情來保護我們。

黛安的「自我批評」或許也是一位九歲的小孩，小時候的黛安因為身體肥胖被嘲笑，於是這位小女孩部分開始承擔起「自我批評」的角色——她著急地批評羞辱黛安，因為她害怕如果不這樣做，黛安就會被嘲笑。黛安現在已經成年了，這位自我批評小女孩仍活在過去，持續做同樣的事情、不知道黛安已經長大了。

身為一位 IFS 治療師，我要做的是幫助個案和內在部分建立關係。如果黛安坐在我的諮商室裡，我會帶著她去了解這位「自我批評」小女孩，也讓這位小女孩認識現在已經成年的黛安。當「自我批評」小女孩能夠信任黛安，知道黛安現在是家裡的「大人」，那麼她就可以放鬆，去做自己想做的事情，不需要一直做批評的工作。

和內在部分建立關係，需要實際去體驗。也就是說，不管你在腦中多麼努力分析你的內在部分，如果沒有實際去認識他們、去和他們對話，就無法真正建立關係。

和內在部分對話可能對許多人來說很奇怪，我在剛開始學習IFS時也不知道該怎麼做。而我想邀請你嘗試做以下的小活動，不需要去思考答案，而是抱持著好奇心與開放的心胸，去聆聽來自你內心世界的訊息。

探索內在

和你的管理員對話

請選擇一位你覺察到的管理員部分，然後閉上眼睛，做幾次深呼吸，嘗試和這位管理員對話。邀請你問這位管理員以下問題，問問題後，不需要「思考」答案，只需要寧靜聆聽就好，看有沒有來自你內在部分的回應（可能出現某個想法、聲音、或畫面）。這個對話練習沒有一定要有什麼結果，如果感受不到任何回應也沒關係，讓自己常常回來做這個練習就可以。

請你問這位管理員：

1. 你叫什麼名字？

2. 你在做哪些事情？你做這個工作是為了要幫助我什麼？

3. 你從什麼時候開始做這個工作呢？

4. 如果不繼續做這個工作，你擔心會發生什麼事情嗎？

5. 還有其他什麼你想跟我說的嗎？

不管你聽不聽得到管理員的回應都沒關係，請向這位管理員部分說聲謝謝，也告訴他：你會努力去認識他、繼續練習傾聽他，會再回來跟他對話。

07

自我批評——我需要批評你，你才會完美

IFS裡有個概念叫做「Blending」，可以想像成在一杯清澈的水中加入一滴紅色染劑。當我們被內在部分「混合」時，就成為了那個「部分」，開始用那個部分的眼光看事情。

在寫這本書時，我想著過往的個案們，而腦中第一個浮現的，就是貝莎。我跟貝莎做諮商時，她就讀大學二年級，貝莎有一個非常強烈的「自我批評」部分，常常會羞辱她：「妳怎麼這麼笨、妳完全沒價值！妳怎麼這麼沒用、

什麼都做不好？」這個自我批評者每天都會出現，數落她成績不夠好、上課聽不懂、沒有朋友、常常犯錯……。

貝莎還有個「絕望」部分常常對她說：「妳沒救了，妳的童年經歷這麼多創傷，一生都毀了，不會有人喜歡妳，妳會孤寂一輩子。」

此外，貝莎經常晚上到酒吧喝酒、然後和陌生人回家發生性關係——以內在家庭系統（IFS）的角度來看，這是貝莎的救火員部分，這個救火員覺得需要用酒精和性愛來幫助貝莎。通常隔天醒來，當貝莎意識到自己又和陌生人發生性關係時，就會感到羞愧，然後「自我批評」部分又會再度跳出來攻擊羞辱她。

某次的諮商會談，貝莎一進到諮商室裡就很激動地責備自己：「我前幾天又去酒吧喝酒、和陌生人發生性關係，我怎麼這麼糟糕和愚蠢，又做出這樣的事情……」

觀察著貝莎的神情和身體姿態，我理解到，現在坐在我面前講話的，正是這個「自我批評」部分。

誰是內在的掌權者

ＩＦＳ裡有一個概念叫做「Blending」，這個英文詞彙是「混合」的意思。可以想像成在一杯清澈的水中加入一滴紅色染劑後，整杯水就會變成紅色。當我們被內在部分「混合」時，就如同本來清澈的水加入了一滴紅色染劑——我們成為了那個「部分」，開始用那個部分的眼光看事情。

現在坐在我面前的貝莎，被自我批評部分「混合」了——貝莎成為了自我批評者，正在用自我批評者的想法和眼光看待事情。而這位自我批評部分正在和我說話、指責貝莎有多糟糕。

「聽起來『自我批評』對於妳的行為感到很生氣，妳在身體的哪裡感受到自我批評部分呢？」我邀請貝莎覺察身體，因為當貝莎能夠覺察到內在部分時，她就能開始成為觀察者、不再陷入這個部分的情緒與想法。

貝莎閉上眼睛，手摸著頭：「她在我的頭裡、和頭頂上。」

「可以跟我描述那裡有什麼感覺嗎？有沒有什麼畫面、顏色、或形狀呢？」

我問。

「我覺得頭非常脹熱，好像有一大片黑包圍我的頭頂。」貝莎說。

每個人感受內在部分的方式都不同，有些人用身體感受、有些人用文字或聲音、有些人會浮現形狀或影像，這些都沒有對錯。貝莎感受內在的方式，就是適合她的方式。

幫助自己成為觀察者

「妳可以理解為什麼『自我批評』會這麼生氣嗎？」我問貝莎，她點點頭。「請妳跟『自我批評』說，妳完全可以理解為什麼她會這麼生氣。」我邀請貝莎向自我批評部分表達她的同理和理解。

諮商中我會用不同方式呈現個案的內在部分：有時用紙卡寫下不同部分、有時用玩偶或其他物品代表不同部分，或是請個案畫下他們的內在部分。和貝莎諮商時，我把厚紙卡摺成一半，在紙卡外側寫下她的部分名稱，然後我把這些紙卡站立起來，讓貝莎可以看見她的不同內在部分。

我拿出寫著「自我批評」的紙卡，放在貝莎手上。「我們一起做幾次深呼吸，然後問問看『自我批評』願不願意站到旁邊一點，給妳更多空間可以看清楚她呢？」

貝莎閉上眼睛詢問自我批評部分，接著把紙卡移到她的腳邊：「她現在在這裡。」

當我們可以覺察到某個內在部分，並且和這個部分之間拉出一點空間時，這就是IFS中說的「分離」(Unblending)——貝莎不再是自我批評者，而是成為觀察到「自我批評」部分存在的人。

當貝莎和「自我批評」分離後，我立刻感覺到她的身體姿態變得平靜。但很快地，我觀察到有另一個部分出現了。

「妳現在對於『自我批評』部分有什麼感覺？」我問貝莎。

貝莎看著那張寫著自我批評的紙卡，肩膀垂了下來，說：「我覺得我沒救了，這個『自我批評』會一輩子羞辱我，我根本不可能變好。」

我從紙卡堆中，找出寫著「絕望」的紙卡交給貝莎：「聽起來，現在是『絕望』部分在說話，完全可以理解她為什麼會那樣想。問問看『絕望』願不願意到旁邊休息一下，讓妳有空間去認識『自我批評』呢？」貝莎把寫著「無望」的紙卡放到門旁邊，笑著說：「『絕望』現在在那裡。」

我邀請貝莎再去回望這部分：「妳現在對『自我批評』有什麼感覺呢？」

「蠻中性、蠻好奇的。」貝莎說。

從別人身上，看見自己的內在部分

你可能讀過許多心理相關書籍，看過書中呈現治療師和個案的對話。我對於在書中寫出諮商對話有很矛盾的情緒，首先，我不可能記得所有細節，所以上述和貝莎的對話不是逐字稿，而是我筆記中大致的互動，並且我也做了一些修改來保護個案的隱私。再來，這些對話只能捕捉到諮商會談中的一個小片段，不是全部。諮商不是變魔術，貝莎不會經由一次會談就有重大改變，所有的改變都是需要花時間的。

而我寫出諮商中的樣貌，是希望大家可以看見我們每個人都有非常類似的內在部分。我希望當你讀到貝莎和她的內在部分互動後，也願意開始練習和自己的內在部分對話。

身為 IFS 治療師，我相信每一個部分所做的行為都是想要幫助貝莎。貝莎的「自我批評」、「絕望」、「喝酒」與「性愛」……，這些部分都沒有問題，我也沒有要評價或趕走這些部分。我在做的是幫助貝莎去認識了解內在部分，也就是說，幫助貝莎進入到「自我」狀態。

這本書的第一部分提到，我們除了內在部分外，還有一個「自我」（Self），當我們處在「自我」狀態時，就能夠保有好奇心、勇氣、同理慈悲心……等等。許多時候我們被內在部分「混合」（blending），像是貝莎的自我批評坐上了駕駛座、開始掌控大局。

從上述那段短短的諮商對話中，我做的事情就是幫助貝莎去覺察內在部分。藉由覺察，貝莎就能開始和內在部分「分離」（unblending）、進入到「自我」狀態——也就是貝莎本人坐上了駕駛座，她就能對內在部分展現同理與好奇心。

當我觀察到貝莎進到「自我」狀態，就能繼續帶著她探索自我批評者。

重新去愛那些親職化孩子

「自我批評者多頻繁出現？」我問。

「她每天都在，無時無刻都在說我很笨、上課表現不好、和朋友關係也不好，怎麼這麼沒用。」貝莎說。

「聽起來這個自我批評者每天都很努力工作。她是從什麼時候開始出現的？」我說。

「嗯，非常久以前，從我有記憶以來，她一直都在。」貝莎說。

「妳剛剛說自我批評者像是一片黑，妳願意和她一起待一下嗎？然後試著去感覺，這個自我批評者年紀幾歲呢？」我邀請貝莎和自我批評部分待在一起。

貝莎閉上眼睛一陣子，我觀察到她的身體姿態有點下沉，然後她張開眼睛，哽咽地說：「七歲。從小我父母親就很喜歡批評我，說我什麼都做不好，很常拿哥哥來跟我做比較──哥哥都可以做到這些，為什麼妳做不到？七歲時，有一次跟爸爸去放風箏，我不記得我說了或做了什麼，可能我還不太會放風箏吧，爸爸就非常憤怒地對著我吼：『妳怎麼這麼笨？』」

「描述這個記憶時，妳觀察到身體有什麼感受？」

「覺得胸口很沉重，然後很想哭。」貝莎說。

「如果妳願意，試著和胸口沉重的感覺待在一起──這個沉重感想要說什麼？」我問。

貝莎閉上眼睛，開始掉眼淚，過一陣子後，她張開眼睛說：「我覺得很難過，我才七歲耶，我只是一個小孩子，我不會放風箏本來就很正常啊。」

對於七歲的小女孩貝莎來說，這是一個充滿壓力的事件，本來開心地要放風箏，突然就被爸爸大吼，讓小女孩貝莎有許多情緒——震驚、困惑、羞愧、悲傷……，但當時的她並沒有能力處理這些劇烈情緒，父母親也無法協助她調節。

為了幫助小女孩貝莎能夠繼續過生活，她的內在系統做了一件非常重要的事情——就是把這個痛苦情緒趕走。於是，小女孩貝莎那個充滿童稚、好奇心、喜歡玩耍的內在部分，承擔起痛楚，被流放到內在系統的邊疆處、被關在房子的幽暗地下室。這樣，小女孩貝莎才不用每天感到痛楚。

而為了確保貝莎不會再被批評羞辱，另一部分開始承擔「自我批評」的責任，從那時候起，她每天不斷批評貝莎，十幾年來，從來沒間斷過。

貝莎的自我批評部分，也是一位七歲的小女孩，也被凍結在過去。

我帶著著貝莎更認識這位自我批評小女孩：「問問看這位小女孩，如果不這樣時時刻刻羞辱妳，她擔心會發生什麼事情呢？」

貝莎閉上眼睛，緩緩地說：「如果沒有這樣羞辱我，我就會犯錯，然後我就會被我父母羞辱、或是被其他人羞辱。」

「聽起來，這位自我批評者真的很怕妳會被其他人責備，所以很努力想藉由羞辱和批評讓妳完美，這樣妳就不會被別人羞辱。妳可以理解為什麼她要這麼做嗎？」

貝莎點點頭：「哇，我都不知道原來她在做這些事情，她真的非常努力。」我可以感覺到貝莎現在對於這位自我批評小女孩，多了許多同理和不捨。我邀請貝莎閉上眼睛，去跟那位小女孩表達她的理解和同理。

我繼續問貝莎：「這位自我批評小女孩認識妳嗎？知道現在的妳幾歲嗎？」貝莎笑著回答：「不知道！」

「那妳願意跟這位自我批評小女孩自我介紹，讓她認識妳嗎？」我問。貝莎閉上眼睛，向這位小女孩自我介紹。

我常常會問個案：「這個部分感覺起來像是幾歲？」而大多數時候，個案的回答都是兒童或青少年年紀。也就是說，不管你現在幾歲，你的內在部分依舊被凍結在過去。就像貝莎的自我批評部分還是位七歲小孩，不知道貝莎成年了、現在有更多資源和能力可以面對各種處境。

如同前一篇提到的親職化小孩，貝莎的自我批評者小女孩就是個親職化孩子。而我諮商中要做的事情，就是幫助貝莎的「自我」和自我批評「部分」建立關係，讓這位親職化小女孩知道，貝莎現在是內在家裡的「大人」了，她可以稍微放鬆休息了。

當然，在長期酗酒的父母親突然宣布「我來負責！」時，親職化孩子會充滿懷疑，他們必須一次又一次地看到，父母親真的開始承擔大人的責任，才能開始逐漸放鬆。所以自我批評小女孩不會突然停止工作，她還是會繼續批評貝莎，而貝莎要做的事情，是在每一次這個部分出現時，給予這位小女孩同理與陪伴，讓小女孩知道：「我知道妳一定很害怕我犯錯，所以覺得需要這樣批評我，但我現在可以面對這些事情了。謝謝妳做的事情，我會在這裡陪妳。」

就如同一位大人和孩子建立關係需要時間和互動，我們和內在部分建立關係也需要時間和互動。這些親職化保衛者們，才能夠真正開始相信我們。

08

外在的成就，永遠無法治癒內在受創的孩子

因為內在受創的孩子覺得自己沒價值，所以管理員們不斷從外在拿取東西，想填滿內在沒價值的感受。但能療癒內在孩子的，其實是你的「自我」。

「我不知道如何『不工作』……我可以跟妳保證，等一下走出這個門我就會立刻打開手機收電子郵件、回老闆訊息，然後每五分鐘就會再確認一次郵件。」卡拉笑著說。

卡拉是我好幾年前的個案，見到她時，可以很快感受到我們之間的連結，我們的人生有許多類似的地方——我們年紀相仿，她在做博士後研究員、我在念博班；當她準備開始找教職工作時、我正在經歷找教職工作的過程。

以及，她有一位非常強烈的管理員部分，在她內心，這位管理員綁著包包頭、身穿套裝、戴著眼鏡、手拿筆記本和筆，無時無刻都在列清單、在清單上打勾。「我叫她『經理』，因為她每天都在控管我的生活，不斷對我大喊：『工作、工作、工作、工作，不要浪費時間，妳應該善用每一分每一秒。』」卡拉說。

噢，我也有一位非常強烈的管理員，我叫她「女超人」——她每天幫我列工作清單、確保我善用時間，在這位女超人心中，有生產力是最重要的事情。

當然，卡拉不會知道我的內在部分，因為諮商是放在個案身上、不是治療師身上。但在諮商卡拉的過程中，我也被啟發，這是當一位心理治療師帶給我最大的禮物：從每一位個案身上，我都看到某部分的自己，當我帶著個案去探索他們的內在時，我也同時一起療癒自己的內在。

不論管理員多努力，永遠都不夠

或許你內心也有類似的管理員，我在許多個案身上都看到這樣的部分，他們有各種名字，像是：工作狂、經理、完美主義者、高成就、超人。這些管理員們都非常努力，不斷工作、做事情、讓你超級忙碌。

我對每位管理員的努力工作充滿欽佩——他們幫你蒐集各種成就、讓你有個亮眼的履歷；給你各種頭銜、帶來名聲和地位；讓你完成學業、拿到各種證照；讓你為了工作犧牲一切，升遷、拿高薪；讓你可以到處旅遊、擁有奢華的假期、買昂貴的物品、住豪宅、開名車；讓你擁有來自社會大眾稱羨的眼光與讚賞、稱乎你是人生勝利組。

在諮商室中，我看到許多個案過著外表看起來光鮮亮麗、成功的生活，他們的人生都被管理員嚴格掌控。但是，不論這些管理員如何努力、不管累積了多少成就與財富，卻永遠都不夠，個案們內心依舊感到空虛、沒有價值、不被愛。

因為，帶著羞愧、感到不被愛、沒有價值的，是那些被放逐到內心邊疆、被關到地下室的受創孩子。所以，不論管理員多麼努力讓你成功，你內心被放逐的孩子依舊很痛苦。

管理員部分無法療癒那些受創的孩子，唯有「你」才可以。

你內心受創被放逐的孩子需要你，管理員也需要你，因為大多數時候，你的管理員也被凍結在過去，也是個孩子。想像一下有台公車，然後一群小孩手忙腳亂地駕駛它——這是許多人的內心狀態，我們忙著看著外在世界，卻沒意識到我們的內心世界其實是由一群小孩保衛者們在駕駛操作。

我們的保衛者，在保護誰？

回到諮商中，我要做的，是帶著卡拉去認識她內心這位「經理」部分。「妳在身體的哪裡感受到這位『經理』？」我通常會先問這個問題，幫助個案覺察身體——當這個部分出現時，是在身體內還是身體外感受到這個部分呢？

那是什麼感覺？有沒有什麼圖像或文字？

「這位經理無時無刻都在我的頭旁邊打轉，我可以感受到她非常不耐煩、拿著筆一直敲著筆記本，要我趕快去完成事情。她不斷說：快點、快點、不要浪費時間。」卡拉一邊說，一邊用手指著頭左側。

「問問看這位經理，她為什麼要這麼做？」我跟卡拉已經諮商一段時間，她很熟悉內在家庭系統（IFS）模式，並且，她非常會和內在部分對話，常會跟我描述內心世界生動的景象。

每個人都有屬於自己和內在部分互動的方式，沒有怎麼樣才是對或錯，我剛學習IFS時，對於要跟內在部分對話感到挫折，我不知道該怎麼跟他們對話或聽到回應。諮商中有些個案跟我一樣，剛開始時充滿困惑，也有些個案很能夠跟內在部分對話，像是卡拉。

「她說：妳還有好幾篇學術期刊文章要投稿、研究計劃要完成、很多實驗要做……，妳要做完這些才有好履歷可以找教職工作，沒有這些研究發表，要怎麼找工作？」卡拉說。

我繼續帶著卡拉了解這位經理——這位經理從什麼時候出現？感覺起來像是幾歲？卡拉說，這位經理感覺起來是個小孩，大約八歲。她的父母在她小時候就離婚，她會輪流住在爸爸和媽媽家，她媽媽情緒非常不穩定，工作回家後常常會無故對她破口大罵，把所有情緒和壓力都發洩在她身上。

她印象很深刻的畫面是八歲時，某天在媽媽快下班前，卡拉很緊張地檢視家裡每一個角落：有沒有垃圾、衣服有沒有摺好、妹妹有沒有把玩具收好……。但不管家裡維持的多完美，媽媽一定會找到理由來羞辱卡拉——那天也是一樣，媽媽回家後對她發飆，並把她趕出家門鎖在門外。

這是卡拉的整個童年的生活韻律：兩個禮拜住媽媽家、兩個禮拜住爸爸家，跟媽媽住時，就會被趕出去。

「一位八歲的小孩要確保一切都完美，真的非常辛苦，可以告訴經理，妳完全理解為什麼她現在這麼緊張嗎？以及，我好奇這位經理認識妳嗎？她知道妳現在幾歲嗎？」我問。

卡拉笑著搖搖頭：「她完全不知道我已經成年了。」我邀請卡拉去和經理自我介紹，當卡拉靠近經理時，她看到的是一位八歲小女孩，穿著大人的套裝、高根鞋、神經慌亂地拿著紙和筆。

「一位八歲的小孩要做實驗、發表學術期刊論文，投教職工作……可以理解她一定很恐懼。」我跟卡拉說，「問問看這位經理小女孩，她會不會很累？還有，如果不這樣努力工作，她擔心會發生什麼事情？」

卡拉閉上眼睛，過了一會兒說：「她超級累的啊，但是她說，如果不這樣做，那個五歲的會抓狂！」

原來，卡拉內心還有另一位被凍結在五歲的小孩，卡拉描述這位五歲小女孩住在她背後遙遠的地方，卡拉從來沒有去靠近、也不曾轉過頭看她。而這位八歲的經理小女孩如此努力工作，是為了不讓那位五歲的小女孩抓狂——因為當五歲的小女孩抓狂時，會一直大聲尖叫，然後不斷繞著圓圈奔跑。「我知道這個畫面很好笑，但我們都不敢看她！」卡拉笑著說。

唯有「自我」才能療癒內在部分

我們的保衛者如此努力，是為了保護我們不用去感受內心被放逐孩子的痛楚，後續的諮商中，卡拉有機會去靠近那位五歲的孩子——卡拉的父母親在她五歲時離婚，當時他們經常爭吵，卡拉記得許多夜晚她抱著妹妹躲在棉被裡，聽著父母在外吼叫摔東西。這位五歲小女孩充滿恐懼、覺得是她的錯、是她不好。

卡拉現在已經三十多歲了，然而這位小女孩依舊被凍結在五歲，攜帶著強烈的信念和情緒：「是我的錯！我不夠好！」

IFS把這些信念和情緒稱作「重擔」（Burdens），因為過去發生的事件，讓你的內在部分揹負著這些情緒和信念重擔。

為了保護卡拉不用去感受五歲小女孩的痛苦，於是八歲的小女孩承擔起經理的角色，不斷督促卡拉工作，確保卡拉一切完美。

現在卡拉要做的事情，是重新去愛這些內在孩子們——讓八歲的經理小女孩知道，卡拉現在是大人了，她有能力面對外在世界的壓力、也有能力可以去安撫那位受創的五歲小孩。當八歲的經理小女孩信任卡拉是家裡的大人、可以倚靠卡拉時，經理小女孩才能開始放鬆。

做ＩＦＳ治療是要幫助「你」回到當內在家庭中的「大人」、去愛你的內在部分。回到當家裡的「大人」是指你可以進到「自我」(Self)狀態，用「自我」去療癒你的內在部分。

回到公車的比喻，當一群保衛者孩子手忙腳亂地要駕駛公車時，你可以溫柔地讓他們知道，你是駕駛、你來負責，他們可以到後座休息。當然，他們可能會不斷給你建議該怎麼開（畢竟一直以來都是他們在駕駛公車），而你可以好好聆聽他們的建議，然後請他們相信你。

後來，卡拉找到了教職工作，搬到了另一個州，我們結束了諮商。為了遵守諮商道德倫理，諮商師在和個案結束諮商關係後，就不會再聯絡。

而我偶爾還是會想起她的內在部分：不知道那位八歲經理小女孩現在有沒有時間休息、有沒有比較放鬆了？

一邊諮商卡拉時，我也慢慢開始對我的管理員「女超人」感到好奇：她是誰？她幾歲？她看起來像什麼樣子？她被凍結在什麼時候？她在保護誰？她在擔心害怕什麼？

以及，她知道我是誰嗎？

當我們的人生被管理員掌控

許多人的人生都被這類型管理員掌控，不斷工作和追求成就。在社群網站上，管理員努力讓我們看起來成功完美——我們貼文訴說自己的工作成就、假期和旅行、享用美食、買了新包包或手機、說自己多忙碌做了多少事情。反思起來，我也發現以前許多貼文都是來自我的「女超人」，她想要得到掌聲、想要讓大家知道我做得很好。

「但做這些事情，去旅遊、買昂貴的東西……，都只能帶給我非常短暫的快樂，過一陣子後，我又回到很空虛的感覺。」曾經有個案這麼說。

這些管理員也是被凍結在過去的孩子們，他們以為再幫你多賺一點錢、買更多東西、過更奢華的生活、去更多地方旅行、累積更多成就，一切就能變好。

他們會這麼做，都是想幫助你、保護你——你內心或許有受創的孩子覺得自己沒價值，所以管理員們不斷從外在拿取東西，想幫你感受到價值的存在。

管理員們認為價值就像個空瓶子，必須用成就、做的事情、財富、來自別人的讚賞和肯定……來一點一滴填滿這個空瓶子。但是不管怎麼從外界獲取，永遠都無法真正療癒內心受創的孩子。

我們的管理員部分也攜帶許多信念重擔：「我一定要成功」、「我要賺大錢才能像個男人！」、「我要變得比我爸爸有錢才不會被看不起」、「我一定要考上一流大學」、「我不能浪費每一分每一秒」。

這些信念重擔讓管理員們成為在滾輪上不斷奔跑的倉鼠，永遠無法停止，也永遠都做不夠。

讀到這裡，邀請你暫停下來，想想你有沒有這類型的管理員呢？你可以拿出筆記本寫下：他們叫什麼名字？在做些什麼？住在你身體哪裡？從什麼時候開始出現？他們在擔心害怕什麼？他們揹負著哪些信念重擔？以及，他們認識現在的你嗎？

這些努力工作的管理員也是孩子，也需要你的關愛。而能夠去愛他們的人，是你，你的「自我」。

所以，邀請你，試著去和這些管理員對話，跟他們介紹你是誰，讓他們知道他們不孤單，你會在這裡好好陪他們。

探索內在

認識內在部分六步驟

邀請你選一個你想了解的內在部分（請選一位保衛者部分），然後照著以下步驟來認識這個內在部分。

第一步

找到這個內在部分

這個部分在你身體的哪裡呢？你通常如何感覺到這個部分（想法、情緒、身體感受）？

第二步

把注意力放在這個內在部分身上

試著和這個部分待在一起，和他待在一起是什麼感覺？有任何的文字、聲音、畫面冒出來嗎？這些文字、聲音、或畫面是什麼？

第三步

了解這個內在部分

你可以問問這位內在部分：他想跟你說些什麼？想告訴你什麼？他是怎麼幫助你、保護你的？為什麼要這麼做？

第四步

覺察你對這部分的感覺

聽完這個部分的分享後，覺察你自己對這個部分有什麼感覺？如果你感受到好奇、想多了解，那麼表示你處在「自我」狀態；如果你對這麼部分充滿評價、憤怒、或其他負面情緒，表示可能有其他保衛者出現了。

第五步

試著去親近這個部分

如果你處在「自我」狀態，邀請你對這個內在部分傳達你的同理與理解，以及用任何你想要的方式，讓這個部分感受到來自你的關愛。另外也覺察：這個部分感覺到你的存在嗎？你願意更靠近這個部分一點嗎？你想跟這麼部分說些什麼呢？請用自己覺得適合的方式，對這個內在部分傳達你想說的話。

第六步

了解內在部分的擔憂

問問看這個內在部分：他在擔心什麼？如果不持續做他的職責，他害怕會發生什麼事情呢？如果在活動的過程中，你感覺有其他保衛者出現、讓你無法去親近這個部分的話，可以試著和那些保衛者溝通——他們為什麼出現、為什麼不願意讓你靠近這個部分呢？他們想說什麼？若你去親近這個內在部分，他們擔心會發生什麼事情？

最後，花一點時間感謝這個部分願意出現讓你認識，如果有其他保衛者出現，也謝謝他們出現，不管是誰出現，都是為了要保護你。

09

當我們能溫柔對待內在，才能溫柔對待外在

我們如何對待內在部分，就是我們如何面對外在世界。唯有當我能夠愛自己內心犯錯的孩子，才能也對別人的犯錯充滿慈悲與關愛。

念博班時，我在社區一間諮商中心實習，在那裡，我從督導路易絲・埃爾曼（Lois Ehrmann）博士身上學習內在家庭系統（IFS）。我非常感激幾年來能夠跟著她學習，因為她帶給我的，不僅是學習諮商專業，而是全然地被支持與被

接納的感受。

某次我觀摩埃爾曼博士諮商一位五十多歲的女性，當時中心剛聘用一位新的心理治療師，這位個案得知後開始抱怨：「我女兒之前在另間機構就是給那位治療師做諮商，她不喜歡那位治療師！」然後開始數落那位治療師哪裡做不好。

聽到她的數落，我內心評價人的部分立刻跳出來，想著：「噢那位治療師怎麼這樣啊！我的諮商比她好多了！」

接著，我聽到埃爾曼博士的回應，她對那位個案說：「那位治療師在前機構無法得到足夠的支持與協助，在這裡我們會好好支持她，幫助她成長。」的確，那個機構給治療師過多個案量、也沒有提供良好的支持，在這樣的環境下，治療師出現專業耗竭症狀是很正常的。

至今我仍清晰記得聽到埃爾曼博士的回應時，我立刻感到全身放鬆——我的評價人部分鬆軟了，她評價「別人做不好！」是為了讓我覺得自己比較好，是為了保護我內心那位很怕做錯事的孩子。

從那刻起，我知道我會被好好支持與接納。我知道當我犯錯時——而這是一定會發生的事情，因為是人就會犯錯——我的督導會幫助我成長。

埃爾曼博士年紀比我大三十歲，她待在心理諮商領域的時間比我的生命還長，她大可以看待我是一位資淺的諮商師，可以用批評、上對下權威的方式對待我。但是她督導我的四年中，我從來沒有被看輕或被評價的感覺；相反地，我十足感受到她對我的尊重，以及非常願意花時間幫助我成長。

埃爾曼博士使用ＩＦＳ做諮商三十多年，我現在理解到，她常處在「自我領導」（Self-led）狀態，也就是說，她的「自我」（Self）是內在系統的領導者，她是用「自我」在跟我互動，而不是她的保衛者在跟我互動。當她用「自我」狀態對待我時，我感受到關愛、連結、與同理。

我理解到——我們如何對待內在部分，就是我們如何面對外在世界。當我對於自己的犯錯充滿評價時，也會對別人的犯錯充滿指責。唯有當我能夠愛自己內心犯錯的孩子，才能也對別人的犯錯充滿慈悲。

當我們能夠溫柔對待內在，才能夠溫柔對待外在。

貶低別人，是為了讓我們感到優越

我們或多或少都有這樣類似的保衛者——你可能常常在內心批評數落別人、聚會時談論別人的八卦、閒言閒語、貶低人、喜歡做比較、常用言語攻擊與羞辱人、什麼事情都怪罪別人、在網路上謾罵⋯⋯。這些行為通常都是保護者想幫助我們的方式——藉由批評、說別人不好，讓我們感到優越，這樣我們就不用去感受內心那位覺得「我不夠好、我沒價值」的內在小孩。

邀請你在這裡暫停一下，拿起筆記本，寫下你內心有哪些「喜歡批評人、愛比較」這類型的保衛者：他們是誰、在做哪些行為、平常什麼時候會出現？

然後，邀請你抱著好奇心問他們：為什麼你需要這樣做？你在保護我什麼？如果不做這些行為，你擔心會發生什麼事情？

這些保衛者都是想保護你，需要你好好去認識與傾聽。

我想起了個案多琳，三十多歲的女性，外表亮麗、有著令人稱羨的工作。「我覺得我每天都戴著面具，」多琳說：「面具呈現出來的是我每天都很快樂、很享受生活，但是我內心充滿不安全感，一直很害怕我會輸、我不夠好。」

多琳覺察到她有一個部分非常愛比較：「這個『愛比較小姐』每天都在做比較——比較我和別人的工作能力、社經地位、薪水、穿什麼品牌的衣服、誰比較漂亮、誰比較受歡迎、誰有比較多追蹤者……。和朋友相處時，我常覺得我們好虛假，都在講買了什麼東西、或是要去哪裡度假……，然後這個『愛比較小姐』會確保我沒有輸，要比朋友買更貴的東西、有比他們更奢華的假期，然後我就會越花越多錢，但是買了那些東西或去度假，我一點都也不快樂！」

「妳對這個「愛比較」部分有什麼感覺？」我問。

「我覺得很丟臉，我都是大人了，怎麼還這麼幼稚！」多琳回答。

「聽起來，有另一部分的你對於『愛比較小姐』感到丟臉，完全可以理解她會這麼覺得。問問看『覺得丟臉』部分願不願到旁邊休息一下，讓我們有空間去認識這位『愛比較小姐』呢？」

當「覺得丟臉」部分到一旁休息後，我邀請多琳去靠近那位「愛比較」部分。「我感覺到她很慌亂，這位『愛比較小姐』的表情很驚恐，東張西望，她覺得完蛋了、要輸了！」多琳說。

「這個『完蛋了、要輸了』的感覺，對妳來說熟悉嗎？」我問多琳，她點頭回應：「噢，非常熟悉，我整個人生都是這種感覺。」

「試著讓這個『完蛋了、要輸了』的感覺把妳帶回到過去……有什麼回憶、畫面、或文字冒出來嗎？」我問。

多琳閉上眼睛，過一會兒後說：「冒出的畫面是小時候我家冰箱上貼的小白板，我爸爸每天都會在白板上計分，我的每項表現都會拿來跟姊姊比較——成績、田徑隊、身材、在學校參加哪些活動……每件事情，姊姊都比我優秀。」

看見並擁抱內在小孩的孤單

多琳來自一個看似完美的家庭，她的父母都擁有高學歷和高社經地位，也常常全家出國旅遊。

「但是，這個家庭中沒有一個人真正認識對方，我的父母之間超級冷淡、他們在家根本不說話，從小到大也從來沒有人花時間理解我。我從十歲就開始很憂鬱，開始飲食失調，但媽媽只會嫌我變胖，碎碎念要我要瘦下來，她完全不知道我有多痛苦。」

「聽起來，十歲的妳有很多恐懼和痛苦都沒有人理解，還要獨自面對這些東西：生活中每一件事情都被比較、覺得自己不夠好，還要面對憂鬱、飲食失調、和對自己身材的羞愧感。了解這些後，妳現在對於『愛比較小姐』有什麼感覺？」我問多琳。

多琳的身體放鬆下來、開始哽咽：「我覺得很心疼，她需要獨自面對這些事情。也完全理解她有多慌張、要一直做比較，很怕自己輸了、自己不夠好。」

我邀請多琳去跟「愛比較小姐」傳達她的同理與關愛，多琳閉上眼睛，過一陣子後開始掉眼淚。

「『愛比較小姐』有什麼回應嗎？」我問。

多琳邊掉眼淚邊說：「『愛比較小姐』開始哭，她說她很孤單、害怕，可是從來沒有人關心過或想理解她。我過去抱著她，說我很抱歉，因為我之前也沒有理她，讓她獨自承擔這些痛苦。我跟她說我現在在這裡了，她不孤單了。」

一直以來，多琳的「愛比較小姐」被凍結在十歲、凍結在每天看冰箱上的白板分數時的恐懼感。身為ＩＦＳ治療師，我並沒有要趕走「愛比較小姐」，而是要幫助多琳和這個部分建立關係——現在，這位十歲的小女孩知道她不孤單了，她可以倚靠多琳。

我邀請多琳繼續和這個部分對話：「問問看『愛比較小姐』每天做這麼多比較，會不會累啊？還有，她有沒有需要妳為她做些什麼呢？」

「噢，她說她超級累的，她一點都不想做這些工作。」多琳說：「我跟她說我現在三十多歲了，已經有能力做很多事情，她說希望我可以每天花時間陪她，跟她說我愛她。」

從多琳的眼神和肢體中，我看到她對這位十歲小女孩有許多慈悲與愛，而這就是ＩＦＳ要做的事情，讓我們能夠重新去愛每一個內在部分。

激烈行為背後，都是一位保衛者

學習IFS後，我也開始認識自己的「評價人」部份，我知道「評價人」是為了保護我、讓我覺得有價值。現在每當她出現時，我可以很快覺察到，然後會溫柔安撫她：「我們現在很安全，不需要評價人。」

有了這樣的覺察後，我更有意識地去選擇要和什麼樣的朋友往來。如果聚會中大家常常說八卦、說別人的閒言閒語，我會選擇不再跟這些人聚會。我希望人與人之間的交流是深刻的，我希望可以認識你、看見你，而不是聽你的保衛者貶低批評其他人。

我也思考著：這麼多人喜歡閒言閒語，是不是因為我們根本不知道該如何有真摯的人際交流？我們不知道如何展現真實的自己，只能讓彼此的保衛者出現互動。或者，評價別人是不是在幫助你不用去面對自己的內心？或許你對自己的生活、感情、和工作很不滿意，但藉由八卦別人是非，就不需要處理自己的議題。

台灣的社會和教育體制，很容易讓我們的內在部分學習到藉由貶低人來獲得優越感。許多成績優秀、唸名校的人，他們的自我價值就是建立在社會對於學歷的比較。

當然，很多時候你會碰到比自己優秀、成功、富有、外表更亮麗的人，但只要偶爾碰到那些你認為條件「不如你」的人，就可以帶給你很多優越感，於是我們的保衛者陷入這樣的惡性循環——藉由比別人好，讓你感到有價值。

二〇二〇爆發的疫情，我看到許多人的保衛者都在咆嘯，社會上充滿了謾罵、攻擊、自私自利。疫情碰觸了我們內心底層的恐懼，當我們無法面對內心脆弱時，保衛者就會採取更激烈的行為。

學習IFS後，我開始用不一樣的角度看待這些激烈行為，譬如看到網路上攻擊人的惡毒言論時，我心裡會想著：「哇，你內心一定有很受創的小孩，才會做出這麼激烈的攻擊。」然後我會在內心祝福這個人，希望他人生中有機會能夠好好探索自己與療癒。

當然，看到社會上的不公義，會有憤怒情緒是很正常重要的，我也在練習如何讓自己待在「自我」狀態中，去面對社會正義問題，而不是被「憤怒」掌控而謾罵攻擊人。

憤怒是很重要的情緒，當我能處在「自我」時，就能好好使用憤怒能量去做有建設性的改變、去幫助人真正成長改變，而不是單純地指責攻擊人。

學習ＩＦＳ好幾年了，這些都還是我持續練習的東西，現在，我似乎更能看見許多人激烈攻擊的行為背後，都是位奮力的保衛者，想要保護心中底層那位受創的孩子。

而你願不願去認識這些保衛者，以及那些內在受創孩子呢？

10

我需要照顧你，你才會喜歡我

我們可以練習區分「必須」照顧人和「想要」照顧人的不同，一種照顧人是來自內心的恐懼焦慮，另一種是來自喜悅快樂。

身為一位內在家庭系統（ＩＦＳ）治療師，我從不同個案身上看到某些部分的自己，而一邊幫助個案認識他們的內在部分時，我也更了解自己的內在。而在卡拉身上，我看見了自己的「女超人」；我也從蓋文身上，看到了我內心另一個劇烈的管理員——那位認為必須犧牲自己、滿足別人需求的「照顧人」部分。

今年四十歲的蓋文，是位大學教授，工作占滿了他所有的時間，每天生活都感到充滿壓力和焦慮，身體健康也開始亮紅燈。

「我很害怕自己正在複製我父親——我所有時間都在工作、錯過很多陪孩子成長的機會，孩子看我的眼神非常疏離，跟妻子也常常因為這樣吵架。我覺得我已經很盡力達到每個人的要求，但好像怎麼做都做不好。」蓋文說。

做諮商時，我很常邀請個案暫停下來，觀察此時此刻的身體感受，我問蓋文：「描述這些時，你覺察到身體有什麼感覺呢？」

「我感覺到胃很痛，然後胸口很緊繃沉重，有點無法呼吸。」蓋文回答。

「如果你願意的話，請你跟胃和胸口的感覺待在一起一下下……觀察看看，有什麼情緒、文字、或畫面冒出來嗎？」我引導著蓋文更去覺察這些身體感受。

蓋文將手放在胸口上，慢慢地說：「緊繃沉重的胸口在說：我需要滿足每個人的要求、不可以讓人失望。」

內在部分的戰爭

我觀察到蓋文有個「需要滿足每個人」的部分，我邀請蓋文和這個部分待在一起一下下：「這個部分是從什麼時候開始出現的？」

「噢，從很小就開始了，」蓋文說，「我從小就知道，自己需要照顧家裡每一個人。媽媽把我當成她的伴侶、什麼心事和情緒都跟我說，因為爸爸一天到晚都在工作不在家。姊姊又很叛逆，常常跟我媽吵架，然後媽媽就會跟我訴苦。當爸媽都在家時，兩個人會喝醉並互相吼叫。」

蓋文沉默了一下繼續說：「我覺得自己在複製爸爸，壓力大時也是喝酒、然後對孩子咆嘯，上上禮拜我看到孩子用驚恐的眼神看著我，我不知道該怎麼辦、我不知道怎麼跟他們相處。」

「聽起來，這個部分從很小就學到，自己需要滿足每一個人的需求、這個家需要他來支撐，完全可以理解為什麼他會有這些感受。你願意花點時間去認識這個部分嗎？」我問。

蓋文點點頭，我請他閉上眼睛，去和這個「我需要滿足別人需求」部分待在一起：「你對這個部分有什麼感覺？」

「有點生氣，嗯，我可以感受到有另個部分對『照顧人』很生氣——他大喊：夠了！為什麼我要負責這麼多事情！我才不要！」蓋文把手放在胸口上。「憤怒在我的胸口裡，很像裡面有一團火焰要衝出來。」

「可以理解為什麼『憤怒』會這麼生氣，請你問問看『憤怒』願不願意到旁邊稍等，給我們一點空間去認識『照顧人』呢？當我們更了解『照顧人』為什麼要這麼做，或許就能幫助他放鬆。」

蓋文閉上眼睛，過一會說：「我試著請『憤怒』離開，但胸口的憤怒情緒還是在，『憤怒』很生氣地說：為什麼是我要離開？」

蓋文繼續說：「這就是我內心常常出現的戰爭，『照顧人』和『憤怒』很常吵架，一個告訴我：你要答應每個人的請求！然後另一個大吼：你要拒絕，為什麼我要做這些事情？」

極化的兩個部分，都需要你好好傾聽

ＩＦＳ有一個詞叫做「極化」（Polarization），這個詞指的是對立的兩方。我們的內在部分也會出現極化現象，像是蓋文的「照顧人」和「憤怒」，就採取了對立的姿態。

當「照顧人」坐上駕駛座時，蓋文就會攬下所有事情、對任何工作請求都說好；而當「憤怒」跳上駕駛座時，蓋文就會開始累積怨懟、用嘲諷帶有敵意的方式回應同事和學生。

蓋文的「照顧人」和「憤怒」這兩個部分都非常重要，都需要我們花時間好好聆聽他們，我要幫助蓋文進到「自我」狀態，讓他能夠撐起一個空間給這兩個部分。「我想請你做幾個深呼吸，一邊深呼吸時，想像吸進來的空氣讓你的內在空間擴大、越來越大，足夠大到你能讓『照顧人』和『憤怒』同時待在這裡。」我說。

蓋文閉上眼睛，過一會兒後他點點頭，我繼續說：「現在請你跟『照顧人』

和『憤怒』說，他們兩個都非常重要，我們會好好聽他們說話，但我們一次只能聽一個人說話，問問看他們兩個願不願意給彼此空間，當其中一人說話時、另一個人在旁邊聆聽呢？」面對極化的部分，我要做的是帶著個案去好好聆聽對立的雙方，然後也讓雙方能互相傾聽彼此。

蓋文和這兩個部分溝通後，「憤怒」同意先坐在旁邊，聽我們和「照顧人」對話。於是我帶著蓋文去了解「照顧人」，當蓋文接近「照顧人」部分時，他看到一位充滿恐懼的八歲小男孩。

這個小男孩很害怕如果他今天不滿足別人的需求，那麼他的家就會崩離——他是家中唯一那位努力把每個人黏在一起、努力讓家裡看起來和諧的人。

現在蓋文已經四十歲，而這位「照顧人」小男孩依舊被凍結在八歲，認為現在每個人的請求他都要辦到，不然蓋文的世界就會崩離。

「你現在對於『照顧人』有什麼感覺？」我問。

「覺得很心疼，一個孩子不應該承擔撐起一個家的責任啊！」蓋文說。

認識「照顧人」後，接下來換讓「憤怒」部分說話，我跟蓋文說：「我想謝謝『憤怒』剛剛願意在旁邊聆聽，給我們這個空間。請你問『憤怒』，他現在有什麼感受？」

「嗯，『憤怒』有點驚訝，他不知道原來『照顧人』是個八歲小男孩，憤怒現在好像沒有那麼生氣了。」蓋文說。

很多時候，我們內在極化部分從來沒有見過或聆聽過彼此，所以他們妖魔化另一端，認為對方就是故意的、很邪惡糟糕。

當蓋文去了解「憤怒」後，他也對「憤怒」部分充滿感激。他發現「憤怒」是個十六歲的青少年，當時的他覺得：我受夠了，等我上大學就要逃離家裡！這個「憤怒」幫助蓋文反抗父母，讓他做自己喜歡的事情、有個多采多姿的大學生活。「我爸爸當時要我唸商管，才能像他一樣賺很多錢，但『憤怒』讓我反抗，最後我選擇念社工，這是我喜歡的東西，我喜歡跟人接觸。」

我可以感受到蓋文眼睛亮了起來、對「憤怒」部分充滿感謝，我請蓋文去和「憤怒」表達他的感謝心情。「『憤怒』覺得鬆了一口氣，他說，他只是希望我有時間做自己喜歡的事情啊！」蓋文說。

面對凍結在八歲的「照顧人」小男孩，以及凍結在十六歲的「憤怒」青少年，蓋文要做的是持續跟他們建立關係，讓他們知道蓋文現在是家裡的「大人」了，他們可以信任蓋文。

我們內在常有這樣採取對立姿態的部分──有一部分要你辭掉工作、另一部分說不可以離職；有一部分說應該要分手離婚、另一部分的你很害怕離開伴侶；有一部分要你追尋自己的夢想、另一部分認為你應該要做能被社會讚賞的事情……。這些採取對立姿態的極化部分都是想要幫助你，你要做的事情是去好好傾聽他們，並且也讓他們傾聽彼此。

在諮商中，我帶著蓋文理解「照顧人、幫助人」是很棒的特質，也是這樣的特質讓他走入社工領域。

而我們可以練習區分「必須」照顧人和「想要」照顧人的不同──前者是來自充滿恐懼的八歲的小男孩認為必須要這麼做，後者是來自現在的蓋文發揮自己美好的特質。

一種照顧人是來自內心的恐懼焦慮，另一種是來自喜悅快樂。

當照顧人，是來自內心的喜悅

這幾年來，我也在學習區分這兩種照顧人的不同。

開始學習ＩＦＳ後，我也發現我有個強烈的「照顧人」部分，而且她常常主導我的生活——她認為滿足每個人的需求是她的責任、她對於工作邀約都說好、她會替別人做明明對方可以自己負責的事情。她喜歡聽到別人的感激、認可、感謝她做的許多事情。

因為「照顧人」部分常常坐在駕駛座，她接下越來越多工作，讓我沒時間休息。於是我內在也開始出現極化現象，有另一部分的我累積怨懟與不滿，無法愉快地做這些工作，甚至有時候在收到工作邀約時，「不滿」就會立刻跳出來對邀約單位感到生氣：「你們為什麼要我做這些事情！」

這樣的反應讓我意識到內心的極化，我的「不滿」認為她需要在我一收到邀約時就立刻跳出來展現憤怒，她覺得如果不這麼做的話，「照顧人」就會立刻答應。在「不滿」的眼中，「照顧人」就是那位怎麼講也講不聽、帶給我們生活麻煩的人。

當我在自己的ＩＦＳ諮商中去認識「照顧人」後，我理解到她也是個小孩。她認為自己必須為別人做事情、得到別人的感激，才會被喜歡。她很害怕如果不替別人做些什麼，別人就不會想跟我有連結。她也不敢拒絕，深怕拒絕後別人就會不喜歡我。

我的「照顧人」部分，也是個凍結在過去的孩子。

過去幾年來，我也在ＩＦＳ治療中練習去愛這位「照顧人」小女孩，現在的我對這位小女孩充滿感激，她讓我能夠設身處地為人著想、可以看見和關照很多人的需求。

我想，也是因為她，我才會踏入心理諮商領域。

我也在練習建立界線、練習拒絕，當然每次要拒絕時，「照顧人」小女孩還是會緊張：「可以拒絕嗎？這樣好嗎？他們會不會失望？會不會不喜歡我？」而我會好好安撫她，告訴她不論對方的回應如何，她都一樣有價值、我都愛她，而且對方的回應會由我來面對，我現在是大人，有能力處理這些東西。

我也花時間去了解「不滿」部分，我理解到，「不滿」其實非常重要，因為每當「不滿」出現時，是在提醒現在的生活狀態可能太累，讓我沒有時間休息或是和我的創造力連結。

我很感激「不滿」，她在提醒我要拒絕、要休息、要保護珍貴的時間做我覺得重要的事情。

我也常跟「照顧人」和「不滿」說：收到工作邀約不代表我就要答應，我會評估時間、精力、興趣後做決定。有這些邀約也表示社會上有越來越多人重視心理健康和創傷，我很開心看到這樣的社會改變。

雖然還在持續練習，我現在已經可以感受到這兩種照顧人的不同——過去的照顧人來自我內心那位充滿恐懼的小女孩，而現在的照顧人來自我內心有足夠大的空間、想要分享的喜悅。

好好愛你的「照顧人」部分

在諮商中，我也常常看到這類型的保衛者——這些保衛者認為必須照顧人、滿足別人的需求，才會被愛、才會有價值、才會被喜歡。

這些保衛者可能是你的「犧牲奉獻」部分，讓你把所有時間都花在擔憂別人、照顧別人；可能是你的「乖小孩」部分，確保你照著父母親和社會大眾的期待過生活；可能是你的「好女孩」部分，讓你安靜、順從、不要有自己的需求和聲音；可能是你的「像個男人」部分，告訴你不可以展現脆弱、要成功，才會被社會認可；可是能是你的「怕麻煩人」部分，認為什麼事情都應該要自己來、不敢找他人幫忙；可能是你的「面具」部分，讓你每天戴著面具，呈現出別人想要看到的樣子；可能是你的「我應該」部分，每天告訴你應該完美、美麗……。

一直以來，這些保衛者都非常努力幫助你，他們認為你一定要這樣做，才會被愛。

而我猜想，他們也是被凍結在過去的孩子，以為你還卡在過去的處境中，不知道你現在已經成年了，現在的你已經有能力面對年幼的你無法面對的事情。

同樣的，請你拿起筆記本，好好去認識這些保衛者們——他們住在你身體哪裡？感覺起來像是幾歲？有沒有什麼畫面、圖案、顏色呢？他們為什麼覺得需要這麼做？他們在害怕什麼？攜帶著哪些信念重擔？

讓這些保衛者部分好好認識你，讓他們知道，他們不再孤單了，因為現在有你，你會好好愛他們。

11 當我們能看見敵人深藏的祕密，就能卸下仇恨

就如同每一位保衛者，「想自殺」也是想幫助你——他們也攜帶著祕密與痛苦、認為自殺是幫助你唯一的方法。這些努力想保護你的「想自殺」部分，也需要好好被同理與理解。

學習內在家庭系統治療（IFS）後，我開始能用不同的眼光看待行為。過去看到別人的攻擊傷害、批評謾罵……會讓我充滿不解與憤怒，現在的我了解這些行為是來自他們的保衛者。

當然這無法合理化傷害人的行為，但我們可以用不一樣的方式來幫助人、來面對激烈的保衛者。

在前面有介紹，保衛者分成「管理員」和「救火員」。管理員確保我們的生活一切都在掌控和規劃之中，但不論管理員們多麼努力，生活總會發生一些事情，讓我們接觸到被放逐孩子的情緒——羞愧、我沒價值、我不夠好、我不重要、我很糟糕、我沒人愛。

當痛苦情緒被觸發時，另一類保衛者——「救火員」就會衝出來滅火。對於救火員來說，讓你不要感受痛苦是最重要的事情，所以他們會做任何行為來幫助你「離開」——像是讓你失神、解離、滑手機瀏覽社群網站、消費購物、攻擊別人、暴飲暴食、暴怒、性愛、自殘、使用毒品酒精……等等，救火員部分不惜做出可能會傷害到你自己的行為，或甚至是自殺，用結束你的生命來「離開」感受痛苦。

傾聽你的救火員

還記得前幾章出現的個案貝莎嗎？貝莎常常晚上會到酒吧喝酒，然後跟陌生人發生性關係，隔天會充滿羞愧、覺得自己很糟糕。在和貝莎的諮商中，我們也有機會去認識她的救火員。

「有一部分的妳覺得需要和陌生人發生性關係，這是妳的救火員，妳對這個『性愛』部分有什麼感覺？」我帶著貝莎去理解她的救火員部分。

「覺得她很糟糕、很丟臉。我怎麼會一直不斷做出這樣的事情？」貝莎說。

還記得貝莎有一個很強烈的自我批評者嗎？這個自我批評者很常在諮商中出現，每次出現時，我會帶著貝莎覺察，然後邀請自我批評部分到旁邊休息。

「聽起來妳的『自我批評』對『性愛』部分感到很生氣，可以理解她會有這種感受。問問看『自我批評』願不願意到旁邊稍微休息，讓我們去了解『性愛』部分為什麼要這麼做呢？」我問。

貝莎點點頭，閉上眼睛請「自我批評」到旁邊。身為IFS治療師，我尊重個案的每一位保衛者，諮商中，我也都會徵詢保衛者的同意，才會繼續往內探索。如果保衛者不同意，我就會花時間去了解這位保衛者。保衛者會阻擋都是有原因的，他們可能害怕個案會被即將被挖掘出來的情緒淹沒、怕個案被評價傷害……，每一位保衛者都是想保護你，他們都值得好好被聆聽。

貝莎說「自我批評」現在坐在諮商室另一張椅子上，我可以感覺到貝莎變得平靜、處在「自我」狀態，我帶著她再回去探索「性愛」部分：「問問看『性愛』，她為什麼覺得需要這麼做？她想幫助妳什麼？」

貝莎停頓了一陣子後，緩緩地說：「她想要讓我感受到自己是被愛的，是有人要的。『性愛』說：和人發生性關係，讓我感覺到我沒有被拋棄。」

「妳可以理解『性愛』為什麼要這麼做嗎？」我問。

貝莎點點頭，繼續說：「前幾天去酒吧前，我接到父母親的電話，媽媽在電話中數落我怎麼這麼笨、什麼都做不好，我記得掛掉電話後我非常難過，就去酒吧，然後與酒吧中和我聊天的人回家發生性關係。」

「聽起來，跟父母講電話觸發了妳內心那位受創的小孩，讓她覺得被拋棄，所以『性愛』部分就跳出來幫助妳，和別人發生性關係，讓妳覺得被愛。」我繼續問貝莎：「妳現在對『性愛』有什麼感覺？」

「覺得，哇，原來『性愛』是想要保護我。」貝莎微微張大眼睛，我可以感受到她對於這個部分多了一些理解與同理。

救火員，也被凍結在過去

我們的管理員常常得到掌聲，而救火員做的行為通常被社會指責，但就算被社會大眾討厭，這些救火員們仍舊承接下最困難的工作，都是為了想要幫助你。

我邀請貝莎去跟「性愛」部分表達理解和關愛，當然我們不用認同救火員採取的行為，但是我們可以理解，這些救火員也被凍結在過去，在用他們唯一知道的方式保護你。

你的救火員部分也需要你的理解和愛。

在IFS治療中，我的目的並不是去強迫貝莎的「性愛」部分做改變，因為「性愛」部分的行為本身不是「問題」，而是這個部分認為幫助貝莎的解決方法。「性愛」部分會這麼做，是因為貝莎有一位受創的內在孩子，覺得自己沒有人愛。

我要做的事情，是讓貝莎能夠進到「自我」狀態，和「性愛」救火員建立關係——讓「性愛」理解到，貝莎現在是大人了，有能力面對情緒、也有能力去療癒內心的受創小孩。然後在「性愛」救火員的同意與信任下，我就能帶著貝莎去療癒內心被放逐的受創孩子。

一旦受創孩子被療癒後，救火員就不需要再做這些行為了。當然這樣的IFS諮商需要花時間，貝莎也需要花時間慢慢和內在部分建立關係。

我博班畢業時，貝莎也剛好大學畢業，最後一次諮商會談，她送我一張卡片，寫著：「謝謝妳陪我走過這麼多。」貝莎是另一個我很常想起的個案，我偶爾會翻出那張卡片，祝福她和她的內在部分一切過得都好。

學習IFS讓我對人的內在力量充滿敬佩，我知道我只需要幫助貝莎進到

「自我」狀態，她就能去關愛每一個內在部分。

貝莎的內在家庭成員需要的她，不是我。

激烈的救火員，需要你好好傾聽

美國詩人亨利・華茲華斯・朗費羅（Henry Wadsworth Longfellow）說：「如果我們能看見敵人深藏的祕密，就能看見之中的悲傷與痛苦，那麼，我們就能卸下仇視與敵意。」

我們常常把救火員視為敵人，想要趕走他們、對抗他們，通常我們用激烈手段對抗救火員時，他們就會更劇烈的反彈。而當我們願意去傾聽認識這些救火員時，他們就會告訴你為什麼他們必須這麼做。

救火員也帶著祕密，這些祕密中藏著悲傷與痛苦。

過去幾年中，我看見各式各樣的救火員，努力想要保護個案。

念博士班時，我督導的實習諮商師有一位青少女個案有嚴重的厭食症，我坐在諮商室雙面鏡後面，看著這位有著瘦弱身體的少女，緩緩地說出：「『厭食』部分說：我在懲罰妳，妳不可以吃東西、不可以長大，因為如果妳長大了，就會傷害其他兒童。」

我記得聽到這句話的震撼，這位青少女的父母親試過許多方法治療她的厭食症、去各種機構和醫院、強迫她進食，但是她的體重依舊沒有增加。有太多心理治療取向都是在趕走救火員——但是當我們越劇烈對抗，救火員就越激烈作戰。

救火員需要的，是傾聽與理解，聆聽他們行為背後攜帶的祕密和痛苦。

這位青少女的「厭食」部分帶著很大的祕密，她要確保這位青少女不會傷害到人。原來，這位少女有另個部分，因為過去的性創傷，讓她對兒童有性幻想。所以「厭食」跳出來，確保她不能吃東西、不會長大。「厭食」部分認為：如果她長大，那個性幻想部分就會茁壯，就會做出傷害其他孩子的行為。「厭食」部分在保護她不要成為加害者。

從雙面鏡後看著這位青少女時，我彷彿看見她內心好多受創的孩子們——年幼時經歷性創傷的部分、因為創傷對性感到困惑而想探索性的部分、對於性幻想的羞愧和恐懼、覺得自己很糟糕、然後「厭食」部分跳出來想要阻止一切發生。當治療只著重在改變飲食行為、強迫她進食，那麼她的內心世界永遠不會被理解。唯有當她內在性創傷議題被好好處理，「厭食」才能夠放下工作。

每個內在部分都是被歡迎、需要被好好理解的，包含極端行為的救火員。

溫柔地愛「想自殺」部分

極端的救火員常常會激起社會大眾情緒，像是「想自殺」部分。

談論自殺是一個非常困難的議題，我在研究所課堂上談論自殺議題時，學生們總會充滿焦慮，對於要問個案「你有沒有想自殺？」充滿恐懼。

這個社會對自殺有許多迷思，認為如果問了，就會讓另一個人產生自殺念頭，於是許多人對於要說出「自殺」兩個字非常害怕。

這個社會對於自殺也有各種評價，有些人譴責自殺的人、自殺者遺族也對自殺者無法理解、充滿羞愧，社會大眾對於自殺也有各種道德論述。

在寫這份書稿時，我聽到一個談論ＩＦＳ的Podcast，主持人是一位ＩＦＳ治療師，那集她訪談另一位經常處理自殺議題的ＩＦＳ治療師，談論「想自殺」的部分。

點開那集時，我心中本來很緊張，而主持人在開場時溫柔地說：「讓我們來聊聊這些非常寶貴的『想自殺』部分。」

聽到這句話時，我覺察到身體立刻鬆軟了下來：對啊，就如同每一位保衛者，「想自殺」也是想幫助你——他們也攜帶著祕密與痛苦、認為自殺是幫助你唯一的方法。

這些努力想保護你的「想自殺」部分，也需要好好被同理與理解。

ＩＦＳ創辦人史華茲博士在二〇二一年出版了新書《No Bad Parts》（《沒有不好的你》），書名就是要說，沒有任何一個部分是邪惡的，不管他們做出什麼樣的行為，都是想要幫助你。

書中，史華茲博士節錄了一段和個案的「想自殺」部分對話內容，讓我非常感動。

個案莫娜在諮商會談結束後，開始出現嚴重的自殺傾向，於是，史華茲博士和「想自殺」對話，他好奇，是不是諮商過程讓莫娜的「想自殺」部分很生氣？對話展開後，「想自殺」部分說：「莫娜就是個混蛋，她什麼事情都做錯、做不好，她會把一切事情都搞砸，在諮商中她暴露這麼多脆弱面，這實在是太糟糕了，她應該要很堅強和完美！」

如同史華茲博士猜想的，前次諮商莫娜碰觸了受創的內在小孩、展現許多脆弱，激起「想自殺」部分的憤怒。

隨著史華茲博士繼續帶莫娜認識「想自殺」部分，莫娜理解到，原來「想自殺」部分還以為莫娜停留在三十二歲——那是好幾年前莫娜經歷重大失去、非常低潮憂鬱的時期，的確，對當時的莫娜來說，展現脆弱是很危險的事情。

原來「想自殺」部分以為莫娜還是三十二歲，要保護莫娜不能展現脆弱。

史華茲博士感謝「想自殺」部分願意分享，然後再問莫娜：「妳現在對於

『想自殺』部分有什麼感覺？」

莫娜說：「我對她有很多憐憫，原來她就是想要保護我！」

史華茲博士說：「對啊，她只是想要保護妳，沒有真的要結束妳的生命，但她不知道除了威脅要自殺之外還有什麼其他方式可以幫助妳。現在，妳可以跟『想自殺』說，妳能夠理解她為什麼要這樣做，看她有什麼反應？」

莫娜感覺到「想自殺」部分放鬆了，然後莫娜告訴「想自殺」她現在的年紀和狀態，以及她身邊有可以倚靠的人。接著，「想自殺」開始哭泣，而莫娜溫柔地抱著她。

閱讀這段對話讓我非常感動，我思考著：我們是不是該重新檢視這個社會如何面對自殺議題？主流社會面對「想自殺」部分就是逃避談論、妖魔化、試圖趕走他們、或激烈對抗，卻沒有一個人願意好好傾聽：「想自殺」部分帶著什麼祕密和痛苦？他想要保護你什麼？

或許你內心也有激烈的救火員，正用自己認為該做的方式努力保護你——解離、暴食、厭食、性愛成癮、吸毒、酒癮、沉迷網路、沉迷於工作、自殘、傷害別人、暴怒想要摧毀世界、自殺……。這些救火員承擔起責任，覺得需要用這樣的方式保護你。

或許過去，你試圖激烈對抗他們，但我們現在可以用不一樣的方式重新認識他們——這些救火員需要的，也是你的溫柔對待。當你願意傾聽和理解，你就會發現這些救火員其實帶著許多智慧。

12

找到內心被放逐的孩子們

或許，我們不知道自己是誰，是因為內心有些部分被切離了。原來，要找回自己真正是誰，就是要找回當初被切離的被放逐部分。

美國心理師塔拉・布拉克（Tara Brach）曾經在演講中說過一個故事，大概是這樣：

有一位七歲的小女孩被喝醉酒的父親毆打後，恐懼地躲在衣櫥裡，閉著眼睛禱告：請幫幫我，我無法再承受這種痛苦了。當她睜開眼睛後，眼前出現一位仙女，小女孩告訴仙女，爸爸很常毆打她、媽媽也沒有保護她。

仙女說：「我無法讓這些事件消失，但我可以幫助妳度過——我可以幫助妳遺忘，當未來有一天妳有能力面對時，這些情緒和記憶就會再回來。我現在會把這些痛苦情緒和記憶分別送到妳身體各個部位，這些身體部位會收藏好痛苦，直到有一天妳準備好了，再讓這些情緒出來。

我會讓妳心頭緊縮、喉嚨緊繃，這些都可以幫助妳不用去感受情緒。所以妳會感到麻木、很難跟人相處、會用不被大眾認可的方式調節自我，這是妳度過一切的方法，讓妳每天可以繼續生活。

妳不會永遠遺忘一切，我會在妳心中留下一個小小的聲音，這個聲音會讓妳想要重新和自己連結。這可能需要花很長一段時間，但將來妳會有能力讓這些儲存的痛苦重新釋放出來。而當妳重新把心打開時，就會感受到身體和情緒上的痛苦，而妳會有足夠的資源——妳的慈悲之心、來自信任的人的支持——來面對這些痛苦。妳會重新和自己連結，找回自己，妳的本質一直都在，只是被傷口遮蔽住了。」

仙女幫助小女孩上床睡覺，小女孩睡著後，仙女揮了揮魔法棒，說：「當妳醒來後，妳會忘記這一切、忘記我曾經出現過、忘記情緒和痛苦，這是妳唯一度過的方式。妳是一個美麗的孩子，我愛妳，妳的父母也愛妳，但他們沒有能力表達健康的愛。有一天，妳會知道自己真正是誰。」

這個故事是來自布拉克博士的個案分享的，當我聽到這個故事時，我想著：喔，原來過去我也有個仙女，幫助我遺忘！我對於童年沒有太多記憶，以前常常對於「想不起來」充滿挫折。現在我理解，雖然沒有明確記憶，但我內心一直有個小小的聲音，讓我走上心理諮商這條路、讓我被內在家庭系統治療（IFS）吸引、讓我展開自己的IFS療癒旅程。

我想，如果你願意傾聽，我們每個人內心都有這個聲音吧。

這個聲音讓我的個案來到諮商室，這個聲音讓你拿起這本書或其他心理學書籍閱讀。這個內在聲音指引我們踏上復原、探索、療癒之旅。這個聲音，讓我開始尋找自己真正是誰。

過去十年，我不斷向外尋找答案，念了諮商碩班、博班、拿了許多證照和執照、上各種課程，都是我在尋找自己真正是誰。而我找到的東西，最終都指引我回到內心世界，去面對那些我不敢碰觸的——內心被放逐的孩子們。

被放逐的孩子們，攜帶著重擔

麥特醫生在紀錄片《創傷的智慧》（The Wisdom of Trauma）中說，創傷是「和自己分離」（disconnection from Self），而以IFS觀點解釋：當身為孩子的我們感到痛苦、身邊又沒有大人能幫忙處理情緒時，內在系統為了要保護我們，於是某個部分承擔起重責大任，幫你攜帶痛苦情緒，被流放到邊疆——他們就是「被放逐者」（exiles）。

就如同故事中仙女說：「我會把痛苦情緒和記憶分別送到妳身體各個部位，這些身體部位會幫妳收藏好痛苦，直到有一天妳準備好了，再讓這些情緒出來。」那些當初痛苦事件所帶來的情緒，並沒有消失，而是被埋藏起來，等著你準備好時，就會出來。

或許，我們覺得不知道自己是誰，是因為內心的確有某些部分被放逐了。原來，要找回自己真正是誰，就需要找回那些當初被放逐的部分們。

這些被放逐者們，一直以來都幫你揹負痛苦情緒和信念，至今，他們依舊被凍結在過去。我在課堂中教IFS時，在投影片中列出以下信念和情緒，請學生花一點時間閱讀，如果他的內在孩子也攜帶類似信念，就在句子旁邊打勾：

□我的存在並不重要、我的需求不重要
□我的父母不愛我
□充滿羞愧、都是我的問題
□我不夠好、不夠有價值
□沒有人要我、我不值得被愛
□我會把每一件事情都搞砸
□我是個負擔，每個人都覺得我在打擾他

□都是我的錯
□不可以哭、不可以展現情緒、不可以犯錯
□我長得很醜
□我不值得好的東西
□我不會被接納
□我不能信任人
□我永遠會自己一個人

因為是線上上課，學生用匿名方式在螢幕上打勾，而我看到每一個句子旁都充滿了打勾符號。我邀請學生暫停下來，花一點時間感受，看到螢幕上這麼多勾是什麼感覺？

一位學生眼眶泛淚地說：「哇，原來我們每個人內心都有這些信念。」如果你內心有這些信念，你一點都不孤單。

這些信念和情緒稱作「重擔」（Burdens），想像一位孩子托著一個很大很重的袋子，袋子裡裝著痛苦情緒和信念。因為小時候的我們無法處理情緒，所以這些年幼的內在部分幫我們承擔著痛苦。

而為了讓我們能繼續「正常」過生活，我們的內在系統把這些部分驅逐到邊境，然後我們的生活開始被保衛者接管——管理員們努力確保你掌控生活中的一切、讓你完美、活出別人期待的樣子、讓你遺忘過去……；而當被放逐的孩子被觸發時，救火員們就會跳出來滅火，用各種行為帶著你離開。

我們的每個內在部分都充滿智慧啊，他們盡全力、想盡辦法保護著我們。

我的保衛者在保護誰？

開始接觸ＩＦＳ後，我也想著：那我呢？我有個「女超人」如此努力讓我達成成就，我的「照顧人」覺得她應該要滿足每一個人的需求；還有一部分的我讓我忘掉童年。她們為什麼要這麼做，她們想保護什麼？

我自己成為ＩＦＳ個案後，發現原來內在還有更多保衛者：我有個「理智」部分會確保我只停留在分析和思考，只待在大腦就好，不要進到身體裡；還有另一部分常常說：「發生在我身上的事情一點都不嚴重」，她認為：比起其他人發生的創傷，我發生的事情應該不嚴重吧，我的家庭很正常啊！

我很要好的朋友莫莉曾經問我：「妳剛來美國念研究所時，到新的國家，會不會無法適應、覺得很孤獨？」莫莉家裡就住美國賓州，無論念書、工作都在離家車程兩小時內的地方，她從來沒有和家人分別身處在不同國家。

我思索著自己二〇一二年剛到美國念碩士的感覺，回應她：「完全不會耶，自己一個人面對一切的感覺，十分熟悉。」我意識到，覺得「我只有自己一個人、不會有人幫助我」，這似乎是我人生中的主旋律，是我從小到大的感受。

雖然對小時候沒有太多記憶，然而我腦海中一直有個畫面，某次家族親戚們在某國家公園聚會，當時兩歲多的我跟在幾個親戚後面走，我停下來看了風景，然後轉眼間，他們就消失不見了。

我跟丟了。

記憶中接下來我遇到兩位阿姨，她們給我吃棒棒糖，帶著我到處走找家人。當我終於接近家族親戚聚會的涼亭時，那個畫面長久以來一直刻印在腦海中——我看到，每個人都在做自己的事情。我不見了，還根本沒有人發現。

或許，從那時候起，那個小小的我開始相信：我的存在，一點都不重要。

我猜想童年的其他經驗，繼續加深那樣的信念。聽媽媽描述，小學一年級中午放學後我都是自己走回家、一個人在家待上一下午，鄰居常聽到我在家裡哭得很大聲，來敲門問我要不要去他們家，而我不願意。

我對於這些完全沒有任何記憶，我想，我的保衛者很努力幫助我遺忘。這樣的處境也不是要怪罪父母，畢竟他們需要工作、有經濟壓力、身邊沒有足夠的資源與支持，這也是許多父母親會碰到的狀況，父母們都需要社會給予更多的資源與幫助。

似乎，小時候的我就學到：「什麼事情都要自己面對，不會有人幫我」，而這底下更深的信念是：「我不重要、我會對別人造成負擔」。所以當小學時期長達四年被性騷擾時，我沒有跟家裡任何一個人說，我曾經嘗試向學校老師求救，但沒有人做任何事情，沒有人保護我。

上國中後，我發現了成績好這個浮木，原來成績好會被看見、會有力量、會讓別人認為我很重要。

於是我的「女超人」從那時候出現，一路以來，她幫助我達成各種成就、學歷、展現出讓大家讚賞的樣子。我的「照顧人」部分也出現了，她藉由不斷滿足別人的需求，讓別人喜歡我、覺得我很重要。

為了讓我不要碰觸受創孩子，我的「理智」部分確保我只停留在大腦思考、不要感受情緒。還有，那位「這才不嚴重」的部分會不斷說：「我的經歷一點都不嚴重啊，我只是被不當觸摸身體，又不是被強暴，這不嚴重吧！」

三十歲後，我才跟我媽透露小時候被性騷擾，也終於問起那個糾結已久的走失事件：「你們都沒有發現我不見了嗎？」

她當時忙著照顧剛出生的妹妹，以為我跟其他親戚在一起，我有個龐大的家族，大家都以為我跟別人在一起，所以沒注意到我不見了。

或許，當初我走回來後，若有人跟那個兩歲的我談發生了什麼事情、處理我的困惑、恐懼、和其他情緒，或許我的心不會關起來。或許在之後被傷害時，我知道我可以求救。

而許多父母不知道如何跟孩子談情緒，也不是他們的錯，這是家族和文化世代傳承下來的創傷——不知道如何有真摯的情感連結、不知道如何展現脆弱、不知道如何接納和表達情緒……。這些都不是只從我父母親才開始，而是從很久以前就開始了。

我們的父母、祖父母、曾祖父母、以及更早的祖先們，也都有他們自己內在被放逐的受創孩子，他們盡力用當時所擁有的資源和熟悉的方式來對待下一代。他們可能沒有機會或方法自我療癒，於是把這些傷痛繼續傳下去。

我很幸運自己踏入了心理諮商領域，有機會處理這些議題，不再把創傷傳給下一代。這場復原之旅讓我找回自己，還有讓我更驚喜的，是看著父母也在成長與改變。我很感激現在能夠和媽媽對話、談論過去經驗對我的影響，讓我內心被凍結的孩子們感受到：她們是好好被愛的。

讓內在孩子們知道，他們再也不孤獨了

麥特醫生在紀錄片《創傷的智慧》裡問：「當你是個孩子時，你感到痛苦時，你會跟誰說？」

我的答案是：沒有人。

從許多個案身上我也看到：他們在童年時期受傷時，身邊沒有人幫他們處理情緒。創傷並不僅僅是發生的痛苦事件，而是事件發生時，身為孩子的我們需要獨自一個人承受。

而這些被放逐的受創孩子們，至今仍舊是獨自一個人，因為我們的內在系統持續用同樣方式對待他們——保衛者把這些受創孩子趕到邊疆或地下室關起來，他們仍然獨自一人承受苦痛。

我意識到，一直以來，原來我也對內在孩子做同樣的行為——我的生活被保衛者主導，我不曾去靠近這些孩子。我也在放逐她們，而我的行為更是加深她們原有的信念：我不重要，我只有自己一個人，不會有人保護我。

直到我開始做 IFS 諮商後，才真正有機會進到內在，去跟被放逐的孩子見面。我開始練習重新去愛這些孩子，當她們感到痛苦、感受到「我不重要、我是負擔」等信念和情緒時，我會安撫陪伴她們，告訴她們：我會在這裡陪妳，我不會拋棄妳，我愛妳。

你內在也有被放逐的孩子，可能因為過去被傷害、被拒絕、被羞辱，讓他們被凍結在那些信念和情緒中。這就是為什麼，不管你的保衛者們多麼努力，讓你累積成就、財富、地位、擁有個看似完美的生活，你的內心依舊感到空洞、覺得自己沒價值、不夠好。

因為揹負傷痛的孩子依舊被凍結與放逐在內心深處，而真正的療癒，是找到這些被放逐的孩子，然後把他們帶回家。

IFS 治療中，我要幫助個案療癒被放逐的孩子，但是我無法立刻這樣做，因為在靠近被放逐的孩子前，我們需要先得到保衛者的信任與同意。想想看，保衛者如此努力工作就是為了讓你不要接觸到受創孩子，如果我硬是帶著你碰觸創傷，保衛者就可能會強烈阻擋。

唯有當保衛者信任你了，相信你現在可以成為家裡的「大人」，才會給你空間，讓你去療癒內在孩子。

療癒是一個過程，需要時間和空間。你可能現在很想趕快幫內在受創孩子處理創傷，但這本書並不鼓勵你這麼做。

我想邀請你，慢慢來，花時間好好去認識這些珍貴的保衛者們、讓保衛者信任你。每次出現痛苦情緒和信念時，知道是這些受創孩子在表達痛苦，你可以陪伴著他們，讓他們知道你不會拋棄他們。

你可以讓你的內在部分知道，他們不再是孤獨一個人了。

「自我」就像太陽，一直都在，
只是有時被擋住了，
而療癒，就是回到最初的自我，
回歸到愛與連結的本質。

Part 3 成為「自我」領導者

13 從現在起，練習「自我」領導

「自我」就像是太陽，一直都在，只是有時候會被擋住，而過去經歷傷痛的人，你的「自我」就是被各種保護者覆蓋住了。

在寫本書時，紀錄片《創傷的智慧》上映，這個紀錄片有一系列對心理創傷的對談，其中一個是蓋伯．麥特（Gabor Maté）醫生和知名創作歌手希雅（Sia）的談話。

提到希雅，你可能會想到她那首非常著名的歌曲《Chandelier》，音樂影片裡，一位小女孩在一個空屋子裡瘋狂地跳舞。希雅說，那位小女孩就是她小時候，對談中她分享自己的童年創傷、以及成為歌手的心境之路。

對談中讓我最感動的，是希雅哭著說，幾天前發生一些事情讓她很難過，而她以前從來不敢去感受情緒，很怕情緒出來後會失控，但現在她非常驕傲自己能夠去感受情緒，而不是用其他方法讓自己「離開」。過去，她以為名氣財富可以為她帶來快樂，但是卻沒有；帶給她快樂的，是能夠「處在當下」。

一邊聆聽希雅的故事時，我也看到她的內在世界：她有幾位攜帶過去創傷痛苦的被放逐孩子，而為了不去碰觸這些傷痛，她有一個很強烈的「照顧人」管理員，總是在照顧別人、滿足別人的需求。我也聽到她有個強烈的救火員，會讓她吸食毒品和想自殺。

過去，當內在孩子的痛苦情緒出現時，希雅的保衛者們就會跳出來幫助她「離開」。而現在最讓她感到驕傲與快樂的，是當內在孩子感到痛苦時，她能和這些情緒待在一起。

這就是內在家庭系統治療（IFS）想做的事情——幫助你的「自我」（Self）去陪伴內心受創孩子、去愛每一個內在部分。當你的「自我」能夠當回家裡的「大人」、能夠坐回駕駛座，那麼，我們就能成為「自我領導」（Self-led）。

「自我」是本質，從來不曾消失

成為「自我領導」並不表示從此不會再有任何痛苦，相反地，你會感受到更多情緒。過去，你的保衛者用各種防衛機制讓你不用感受情緒，而現在，當你的「自我」成為內在世界的領導者，你的保衛者願意信任你，你就能夠去感受和陪伴那些受創的孩子們。

而能夠感受情緒，才是有活著的感覺。

許多人以為「復原」是指把負面情緒趕走、忘掉傷痛，但復原並不是要「趕走」或「遺忘」情緒，而是要擴展內心，給苦痛足夠的空間。如同禪師佩瑪·丘卓（Pema Chödrön）所說：「療癒來自於讓情緒有空間——有空間給哀悼、給寬心、給苦難、給喜悅。」

當你的「自我」成為內在領導者後，就足以撐起空間給每一個內在部分，你的「自我」就能夠跟這些情緒共處，而不是陷入情緒中。禪學要我們成為觀察者，能觀察自己的情緒和想法，而ＩＦＳ幫助你進入「自我」狀態，不僅讓你成為一位觀察者，還讓你抱持好奇心、同理、與關愛去陪伴你的內在部分。

ＩＦＳ創辦人史華茲博士相信：我們每一個人都可以進入「自我」狀態，都能夠展現慈悲、同理、連結、給予愛。

世界上主流心理學理論大多來自西方白人男性觀點。這些傳統主流心理學大多以「缺陷、疾病」的角度看待人，認為一個人若小時候沒有被好好愛過，長大後就無法愛人，但史華茲博士四十年來使用ＩＦＳ治療個案的經驗發現：不管一個人過去經歷多麼劇烈的創傷，都能進入「自我」狀態，能夠展現八個「自我」狀態特質（8Cs），像是好奇心、同理慈悲、連結……等等。

也就是說，「自我」是我們的本質，是每一個人與生俱有的。一直以來，這個「自我」都沒有消失，「自我」就像是太陽，一直都在，只是有時候會被擋住，而過去經歷傷痛的人，你的「自我」就是被各種保護者覆蓋住了。

而療癒，就是回到最初的自我，我現在也相信：人的本質是愛與連結，我們每個人都有這些能力，也都能從內心找回這些能力。

來自「自我」的助人工作

我從二〇一五年開始學習ＩＦＳ，有很長一段時間，我對ＩＦＳ的理解都只停留在認知層面，直到自己成為ＩＦＳ個案，才開始真的「懂了」。這個「懂了」來自我的內心和身體，成為一種生活方式，是我想要生活、存在的樣子。不僅在諮商專業中，我想要在人生各個面向都能實踐「自我領導」生活。

我一直相信，身為一位心理治療師，我們只能帶著個案走到我們自己願意走去的地方。如果我要帶著個案走進內心深處，我自己也要願意往我的內心深處走去。心理治療師也非常需要處理自己的議題，因為我們也是人、也有過往的痛苦與創傷，內心也有保衛者和被放逐的孩子，當沒有處理自己的議題時，治療師的內在部分就會出現干預諮商。

好幾年前，我有一位四十多歲的女性個案，在諮商中談論現任交往對象讓她感到痛苦困惑，從她描述聽來，對方行為非常符合自戀型人格特質：重視外表完美假象、自我為中心、感到優越、需要得到外在掌聲與認可……。

這位個案在諮商中談到不知道該離開還是繼續在關係中努力時，我開始感受到內心有一部分非常焦躁，想著：「這些都是非常典型的自戀型人格特質，非常難改變！妳趕快離開！」

接下來，這個焦躁部分坐上了駕駛座，開始掌控諮商，她想讓個案知道分手比較好，開始指導個案該怎麼做。那次諮商結束後，那位個案寫信跟我說她想要暫時休息一下，然後，就再也沒有回來做諮商了。這個經驗讓我得到許多學習和反思，我理解到：當我的保衛者坐上駕駛座，就會開始有保衛者想達成的諮商目標、而無法看見個案需要什麼。

我理解到，原來助人行為也有兩種：一種來自保衛者，另一種是來自「自我」。當心理治療師被保衛者主導，就可能擺出自以為是的姿態、自詡專家、喜歡指導個案該怎麼做才對、需要大眾的掌聲和讚賞、對個案抱有「我來拯救你」的心態，甚至是濫用治療師權力、剝削個案，做出傷害個案的行為。

當心理治療師被保衛者主導，諮商會談就不再是以個案的需求為中心，而是讓治療師的保衛者得到他們想要的東西，像是自尊、自我優越感、讚賞與認同……等等。

這些保衛者主導諮商的行為，都顯示了治療師有自己內在處理的議題。若沒有好好處理自己的議題，助人行為就成為了治療師彌補自身傷口的方式。

另一種助人行為來自心理治療師的「自我」——當治療師處在「自我」狀態時，就能看見個案內心擁有他們需要的能力、力量、和資源。個案本來就是完整的，沒有缺陷，治療師並不是要拯救或告訴個案該怎麼做，不是用專家姿態以上對下，而是肩並肩和個案一起走，幫助個案找到他們內在的力量和資源。

開始學習ＩＦＳ後，我也在練習成為一位「自我領導」治療師——我不是專家、個案才是自己的專家；心理治療師幫助個案進入內心、認識內在系統，而個案的「自我」才是能療癒內在部分的人。每一場IFS諮商，都是踏入個案奧祕的內心世界，我無法事先規劃諮商中會發生哪些事情、也無法預測個案會有哪些部分冒出來，每次諮商都是踏入未知，每個當下都是此時此刻。

我們每個人都可以、也都有能力做這些內在復原工作。

走入步道入口，探索內在部分

主流西方心理學認定人只有單一心智——你只能有一種想法、情緒、和存在，若出現不符合主流的情緒和想法就是不好的，許多心理治療模式也建立在這樣的假設上，要把不好的情緒和想法趕走。而IFS認為人是多元心智，我們內心有多種人格、想法、和行為，都是很正常的。我們要練習的，是讓「自我」成為內在系統的領導者。

當然，到現在還是有一部分的我會懷疑「我們內心真的是多元心智嗎？」史華茲博士創立IFS四十多年，內心也仍然有個部分會質疑：「這是真的嗎？」過去四十年來，全世界有非常多治療師在使用IFS，也更讓我相信，我們每一個人都有能力做這些內在復原工作。

想一想，你的內在有非常多部分，這是多麼有趣的事情！過去幾年IFS諮商，讓我認識自己的許多內在部分，我也知道內心還有更多東西等著我去探索。原來認識了解自己，是這麼好玩的事。

IFS有個詞叫做「Trailhead」，指的是「步道入口」。每一天，我們內心出現的各種情緒、想法和身體感受都是「步道路口」——如果你願意從這個步道入口走進去、繼續探索、仔細聆聽，就能找到內心那位向你傳達訊息的部分。

每一天都有來自你內心部分的各種訊息，每一天都是探索與療癒。

而我希望IFS可以給你一點啟發，讓你開始對自己的內在世界充滿好奇，然後可以用這樣的角度看待自己、別人、以及這個社會。

14

看見父母的內在小孩

當我們不敢碰觸內在的傷痛，就注定會把這些傷痛傳給下一代。同樣的模式會不斷複製，直到家族中有人停下來，回過頭，看見家族中的創傷，才有可能開始出現改變。

在我任教的心理諮商研究所，所有碩士班學生第一個學期都要修「原生家庭」這門課，課堂中我會帶學生畫「家系圖」（Family Genogram），這是一個把家族世代成員標記在紙上、並且去檢視每個成員之間關係和狀態的譜圖。

在這門課中我也會介紹內在家庭系統理論（IFS），並且請學生用IFS的角度去檢視家系圖：從家族世代中你觀察到哪些保衛者？有哪些被放逐孩子？

以及哪些信念和情緒重擔被傳遞下來？

我有許多學生年紀介於三十到六十多歲間，已經是父母親或是祖父母，所以當他們檢視家系圖時，常常能很清晰地看見自己如何繼承來自父母親的信念、以及他們如何也把同樣的行為模式傳給下一代。

原生家庭是一個很複雜的議題，學生們對於這門課常常感到焦慮恐懼。而面對原生家庭議題，許多人會卡在指責怪罪父母的角色中，我想到傑夫的例子。

「怪罪人」部分，想幫助你什麼？

「都是我爸媽的錯，他們要我當工程師，說這樣他們才會覺得光榮。但我一點都不喜歡這個工作，我每天都覺得人生毫無意義、活得很痛苦，都是他們的錯！」傑夫說。

諮商中，我觀察到傑夫的「怪罪父母」部分常常會出現，我感覺到這個部分似乎被凍結在過去，不知道傑夫現在已經成年，完全有能力和資源做改變、過一個自己想要的生活。我邀請傑夫抱著好奇心去探索這個「怪罪父母」部分——為什麼這部分要這麼做？如果不責備父母，這個部分擔心會發生什麼事情？

傑夫意識到：怪罪父母讓他不需要真正做改變、不用面對自己。而一旦不怪罪父母後，傑夫感受到劇烈的恐懼，因為，這代表他要為自己的人生負責，要面對未知和做改變。「我不知道該怎麼做？如果照自己的意願，到時候失敗後悔了呢？如果我做得不夠好呢？」這些恐懼讓傑夫非常焦慮。

的確，為自己的人生負責是一件很不容易的事情，責怪父母比較簡單。但是當我們不斷責怪別人時，就是把自己的力量和主控權全部交給了別人。當然，傑夫做改變後，也需要面對父母親的回應，父母可能不會支持、可能會情緒勒索。當傑夫開始為自己的人生負責，也代表他要面對與處理周遭人的反應。

許多人會認為，療癒原生家庭議題就是要「原諒」父母，我覺得「原諒」是一個很沉重的詞彙，畢竟對很多人來說，父母的確對你造成很大的傷害。教原生家庭這門課時，我都會跟學生說，這門課的目的不是要你原諒父母，而是去理解和看見父母怎麼了。

以ＩＦＳ的觀點來說，許多父母傷害孩子的行為，是來自於他們激烈的保衛者——這些保衛者把孩子當成情緒伴侶、把自己無法處理的憤怒不滿發洩在孩子身上、把孩子當作獎盃換得大眾讚賞、把孩子當成拯救婚姻的工具、把孩子當作娛樂消遣的工具、把孩子當作滿足性的工具，以及，保衛者讓父母自己麻痺情緒、無法接納情緒、鄙視脆弱面……。保衛者會做出這些行為，也是為了讓父母親不用去面對他們內在的受創孩子。

當父母無法面對自己的內在傷痛時，保衛者就可能做出傷害到下一代的行為。我們可以去理解父母親的行為，也同時看見他們對我們造成的傷害、並給予傷害足夠的空間做療癒，這些都可以同時存在。

在讀這本書的你，也可能有個部分想怪罪父母、對父母充滿憤怒、覺得他們毀了你的人生，而我想對這個部分說，他有的感受和情緒都是正常的。我也想邀請這個部分，如果他願意的話，能不能到旁邊稍微休息，給你空間去看見：你的父母怎麼了？

父母就跟我們一樣，也有內在部分——他們也有管理員、救火員、被放逐的受創孩子。而我們看得到他們的內在部分嗎？

許多傷害孩子的行為，都來自父母親的保衛者

在原生家庭這門課中，我的學生們開始慢慢看見父母親的內在部分。一位學生寫到，從小媽媽就很嚴格控管她的飲食和身材、讓她感到憤怒與不解。她很喜歡跳舞，但媽媽卻很討厭她跳舞，一次舞蹈表演中，她看到台下媽媽露出厭惡的眼神。這位學生三十多歲，內心仍有一個被凍結在過去的小女孩，覺得自己很醜、身材很不好、很自卑。

後來她發現，原來媽媽也有一位非常自卑的受創小孩——這位小女孩覺得自己很醜、對身體感到羞愧。因為沒有機會處理內心議題，媽媽有個激烈的保衛者，常常羞辱女兒飲食、不斷嫌女兒太胖、不讓女兒去跳舞，因為媽媽無法面對

原來一個人可以在舞蹈中自信自在地展現身體。

另一位學生了解到，家族中的女性都有個「控制狂」管理員，這位管理員承擔一切照顧人的工作、並且要求所有事情都照他們的方式進行，她的祖母、母親、阿姨們都是這樣。然後一點都不意外的，她自己也有一位「控制狂」部分，讓她常常和伴侶吵架，因為伴侶覺得她控制欲太強。

還有一位學生觀察到，他的家族成員都有一個羞愧自卑的內在受創孩子，生活在偏遠區域，他住的社區裡，每個人都沒有念大學、生活貧困，當他離家就讀大學時，家人都不諒解他為什麼想唸大學，認為他在背叛家族。

為了不用碰觸內在的自卑感，他看到家族中出現強烈的保衛者，就是種族歧視、白人至上主義，家人常常做出種族歧視行為以及說出貶低黑人、移民、或同性戀言論。這位學生念大學時，總覺得自己不如人、不夠聰明，而他展現的保衛者行為就是讓自己強悍、陽剛、不展現任何脆弱面。

當學生們用ＩＦＳ檢視自己的家庭時，他們突然能夠清晰地看見：許多父母傷害他們的行為，就是來自父母的保衛者，這些保衛者在保護父母不用去碰觸內在的傷痛。

了解父母親的保衛者，並不是要合理化父母親對你的傷害行為，你的父母親對你造成的傷害都是真實痛苦的。

這也不是要究責，因為這不能單獨歸咎是誰的錯。你的父母親會有這些受創孩子、讓保衛者需要激烈掌控，也是因為成長過程中被上一代對待的方式；而祖父母會有這些保衛者，也來自於他們的成長經驗。

所以，這不是誰的錯，而是個令人悲傷的事情，我們的父母、祖父母、和祖先們沒有機會去療癒自己的傷痛，所以把這些創傷一代又一代傳遞下來。

終止家族的原傷，從這刻開始

研究「集體創傷」治療（collective trauma）的湯瑪斯・赫布博士（Thomas Hübl）說：當我們無法有意識地看見「過去」時，你的「未來」就會是複製「過去」。所以，你的未來其實是「已知」，因為未來就是你的過去——那些比你早來到這個地球上的人，在你出生之前出現的人，決定了你的未來。

當我們不敢碰觸內在的傷痛，就注定會把這些傷痛傳給下一代。同樣的模式會不斷複製，直到家族中有一個人有勇氣停下來，回過頭，看見家族中的創傷，才有可能開始出現改變。

在課堂上，我會帶著學生做一個小活動：我請他們想像父母親的內在受創孩子就站在眼前，他們有機會跟父母親的內在孩子說說話。

許多學生的父母至今還是被保衛者掌控著——常常攻擊羞辱人、麻痺情緒、情緒失控、持續把孩子當作情緒伴侶……等等，也就是說，他們的父母親還是沒有機會做療癒，他們內在的被放逐孩子依舊被凍結在過去、覺得自己沒人愛、不值得被愛。

所以，我請學生們去傳達同理與愛給這些內在受創孩子，去跟他們說：你們值得被愛、你們是有價值的。

或許對於父母親的內在孩子來說，這是第一次有大人溫柔地跟他們說話。

想想看，我們的父母、祖父母根本沒有現在我們所擁有的資源和知識。我現在在課堂中教授的東西，我的父母或祖父母們根本沒有機會學習到。他們在有限的資源中，盡最大的努力存活，讓我們誕生、長大，讓我們擁有更多資源和機會，去探索、去療癒，讓家族創傷能在我們這一代停止。

想到這裡，我對我的父母親、祖父母、和更早的祖先們充滿感謝，也想對我父母親的內在孩子說：我愛你們，你們很有價值、你們是被愛的。

而我希望每一個人——在讀這本書的你、以及你的祖先與後代——都有機會可以療癒。

最好的教養書，就是你自己的內在世界

如果你是一位父母，閱讀這本書時可能發現自己曾經做出傷害孩子的行為。如果你觀察到自己傷害過人，那麼恭喜你，你是一個人類。雖然我們不希望傷害

人，但身為一個人，表示我們都會犯錯，都可能會傷害人，也會被傷害。

美國已故黑人作家馬雅．安傑洛（Maya Angelou）說：「當我們越了解，就能做得更好（When we know better, we do better）。」過去，我們可能沒有覺察到自己正被保衛者掌控，而現在，多了這份覺察和理解，我們可以一起思考：我有哪些保衛者？他們為什麼要保護我們？他們的行為又對下一代造成什麼影響？

如果你成長過程中被教導脆弱是不好的，你可能就有個保衛者非常鄙視脆弱面，所以當孩子哭了、在學校被欺負霸凌、生病不舒服，你可能就會帶著厭煩、鄙視、生氣的態度，告訴孩子：「不要再哭了！」、「你就是這麼軟弱才會被欺負！」

如果你成長過程中犯錯時常常被羞辱，你可能有個保衛者不斷追求完美，於是，這個保衛者控制孩子照你所鋪的路走，要求孩子成績優異、常常拿他的成績跟別人做比較、要求孩子考上名校、從事某些職業……，孩子的完美表現帶給你優越感和眾人的欽羨，而你的「追求完美」保衛者需要這些優越感，讓你不用去感受自己內在帶著羞愧的孩子。

而這些保衛者對下一代做了什麼事情？

這些保衛者讓你的孩子受傷，讓他們覺得不被愛、不被理解、認為自己不夠好、充滿羞愧……，你的孩子內心也產生類似的被放逐者和保衛者，於是，同樣的模式就這樣一代又一代傳遞下去。而這一切也都來得及改變，你可以練習成為「自我領導」，用「自我」狀態去和孩子重新修復關係、為過去的行為道歉。

我覺得最好的教養書，就是好好研讀「你自己」這本書——了解你自己的內心世界、了解你繼承了哪些從祖先傳遞下來的傷痛和信念、並且花時間處理這些傷痛，就能停止複製家庭創傷。

秋季學期教原生家庭這門課時，期末會遇到美國感恩節假期，我邀請學生回家團聚時，仔細觀察自己的內在部分並且做記錄。

一位學生分享她的家族團圓觀察——爸爸依舊對她講話冷嘲熱諷，過去聽到這些話時，她的救火員就會衝出來和爸爸起衝突。

但這一次面對父親的行為，她看到的是爸爸的保衛者、和內心一位受創的小男孩。父親相同的行為，這次卻沒有激起她太多反應，她輕柔地跟父親說：「我知道你現在很生氣，所以說出這些傷害人的話語，但我沒有必要承受這些羞辱人的話，所以我現在會先離開，等你情緒平穩，能夠好好說話時，我們再來談。」

我們可以理解父母親有他們的保衛者和受創孩子，但「理解」不代表要讓自己持續承受傷害。雖然我們無法控制別人的行為，但可以掌控自己——我們可以練習從「自我」狀態來和家人互動，可以給予父母資訊、邀請展開對話、鼓勵他們探索療癒，但我們無法替家人復原、也無法強迫他們療癒，若需要時，也要界定清楚的界線。

許多人在逢年過節時，會對父母或親戚的行為感到困擾，譬如親戚愛比較、喜歡說別人的閒言閒語、控制你該怎麼做、評價你的人生……。

學習ＩＦＳ後，我了解這些是保衛者在保護內心創傷，而我真心期望每個人都有機會療癒自己。

如果把整個家族看成一個系統，你的父母或親戚的行為就顯現了這個系統需要劇烈的保衛者，來趕走或隱藏系統中某些脆弱面。而我好奇，這個家族系統中的保衛者們在保護什麼？家族中是不是有哪些祕密、脆弱面、創傷或哀傷從來不曾被談論或處理過？

在教原生家庭這門課時，我會請學生閱讀美國家族治療師莫妮卡・麥高卓克（Monica McGoldrick）博士的著作《你可以再次回家》（《You Can Go Home Again》），我也不斷思考著這本書的書名：可以再次回家，是什麼意思？

或許，再次回家，是指能夠回到熟悉的地方，然後用完全不一樣的眼光看待這一切。

15

親密關係，是我們能夠展現所有的自己

好的親密關係是雙方都能處在「自我領導」狀態——彼此是兩個獨立的個體，而我們在一起不是因為我需要討愛，而是因為我喜歡和你相處，所以選擇讓你進入到我的生命中。

「我覺得自己很有問題，我每天都花很多時間查看男友的社群網站——誰按他的貼文讚？他去按誰的貼文讚？我會開始看那些人的帳號，如果是女生，我就會開始檢視：她比我優秀嗎？她比我漂亮嗎？然後我會覺得男友一定和這個人曖味，就會開始生悶氣。」三十歲的蘇菲，外表亮麗，工作也非常順利，朋友常常羨慕她人生很完美、戀情很甜蜜。

而蘇菲來到諮商室，正是因為在感情中充滿焦慮和不安全感：「我很常吃醋、忌妒，會不斷追查男友有沒有跟前女友聯繫，還一直覺得他想跟前女友復合。」蘇菲繼續說：「我都不敢跟朋友說，其實我會偷偷看他的手機。」

諮商中，我帶著蘇菲去覺察和辨識她的內在部分，她稱那個不斷查看男友社群網站貼文的部分「偵探」，而蘇菲有另一個部分對於「偵探」充滿羞愧：「這個『成熟大人』部分說，妳是成年人了，還有個碩士學位，怎麼做這麼幼稚的事情！」

我請蘇菲問問看「成熟大人」部分願不願先到旁邊休息，讓我們有空間好好理解為什麼「偵探」要這麼做。接著我請蘇菲閉上眼睛去認識這個「偵探」部分：「問問看『偵探』，她為什麼要這麼做？如果不做這些行為，她擔心會發生什麼事情？」

過一會兒，蘇菲緩緩地說：「『偵探』說，她要找出任何男友可能會劈腿的證據，這樣哪天如果真的發生時，我才不會措手不及。」

蘇菲了解到，原來這個「偵探」不斷查看男友的社群網站，是為了幫她「做演練」。這樣，當男友真的劈腿時，蘇菲才會「準備好」。蘇菲也意識到，這個「偵探」在她過往戀情中也都有出現，都不斷在幫助她找男友會離開她的證據，因為蘇菲內心有位孩子認為：「不會有人真的愛我，每個人都會離開我」。

因為這個受創孩子很怕被拋棄，蘇菲有好幾位保衛者確保她在戀情中不會被拋棄：「完美女友」部分讓她變成男友心中想要的樣子；「照顧人」部分常常犧牲自己，替男友做所有事情。但不管付出多少，蘇菲還是充滿不安全感，所以「偵探」常常出現，尋找蛛絲馬跡，替蘇菲演練最壞的情境。

這是許多人在親密關係中的樣貌——我們內心受創孩子覺得不被愛，所以不斷從親密關係中乞討愛。因為害怕被伴侶拋棄，我們的保衛者紛紛跳出來：討好、犧牲奉獻、照顧人、委屈自己、成為別人想要的樣子⋯⋯。

為什麼我們在應該要親密的關係中，需要隱藏自己、假裝成其他樣子？

你的內心，有個神奇廚房

墨西哥裔作家唐・米格爾・魯伊斯（Don Miguel Ruiz）在著作《The Mastery of Love》中提到了「神奇廚房」（Magical Kitchen）這個比喻，他說，想像你有一個神奇廚房，擁有源源不絕的食物，這時如果有人跟你說：「如果你變成我想要的樣子，我就給你食物」，你不會答應對方，因為你不但擁有足夠的食物，還會大方地跟別人分享你的食物。

魯伊斯說，我們每個人的內心就像是有這個神奇廚房，擁有源源不絕的愛，讓我們有足夠的愛給自己、伴侶、親友、以及這個世界。

現在，我們用內在家庭系統（IFS）的角度來看這個神奇廚房比喻。

情境一

想像你家有一個神奇廚房，讓你有源源不絕的健康食物餵養你的孩子們。你的孩子們都很開心，他們知道不需要搶食物，因為你會給予足夠的食物。你不會用「不准吃東西」來懲罰他們，也不會用吃東西來羞辱他們，你相信每位孩子都有吃飽的權利。

某天有個人來敲門跟你說：「如果你變成我要的樣子、願意照顧我，我就會給你的孩子很多披薩和糖果！」你不會答應，因為你有足夠的健康食物，能餵飽自己和孩子們。

另一天，有另一個人出現了，這個人自己家裡也有一個神奇廚房，有源源不絕的食物餵飽他和自己的孩子。他很喜歡你煮的料理、你們享受一起烹飪的時光，誰都不用擔心食物不夠、不需要跟對方乞討食物。

以上是第一種情境，現在，請你想像第二種情境。

情境二

你在一個完全不同的家，非常貧困，只有一點點食物，你的孩子們常常餓肚子。其中最小的女兒因為很餓，所以每天都在哭。你因為受不了她的哭聲，所以把她關在地下室，但每天還是會聽見哭泣聲，讓你很不舒服。因為飢餓，孩子們開始對你失去信任，幾位年紀較大的孩子變得很愛控制，不斷催促你加緊工作、找到一個可以餵飽他們的人。這些孩子成為了親職化小孩，開始承擔大人的責任，他們會在家翻箱倒櫃找食物、以及去地下室安撫妹妹。

有天，那位帶著披薩和糖果的人出現了，你的孩子們對終於有食物吃感到欣喜若狂。他們崇拜那位帶食物來的人、願意做任何事情讓他開心，你也因為終於不用每天聽到小女兒在地下室哭感到開心與鬆了一口氣。

這個人住進你的家裡後，開始常常羞辱你、要你照他的規定行事、用不給小孩食物來控制你。

雖然他的披薩一點都不健康也不好吃，但是你的孩子們對於要回到過往飢餓的日子感到非常恐懼，所以就算這段關係多麼糟糕，你還是不敢離開。

這是史華茲博士在著作《You Are The One You've Been Waiting For》中寫的比喻故事，聽完後你想到什麼呢？

請你把這個故事中的「食物」換成「愛」，把你的「孩子」換成「內在部分」，這就是我們許多人在親密關係中發生的事情——我們大部分的人，就像是第二種家庭狀況，因為你的內在孩子覺得不被愛，所以向其他人乞討愛，並且害怕被拋棄，讓你在關係中失去自我。

回到個案蘇菲身上，蘇菲的內在孩子覺得不被愛，所以當男友出現時，蘇菲的內在部分們欣喜若狂：「終於有人愛我們了！」不管感情品質如何，蘇菲的內在孩子們很害怕回到過去沒有愛的日子，所以她們努力當個完美女友、犧牲奉獻照顧對方、確保不會被拋棄。

有多少人的親密關係，是奠基在這樣的恐懼和不安全感之上？

愛自己，是能愛內心所有部分

世界著名婚姻與家庭治療師艾絲特．佩萊爾（Esther Perel）說：「感情的滿意度，來自於你是否愛自己、接納自己。」在學習ＩＦＳ後，我終於理解這是什麼意思。

過去我總覺得「愛自己」是很抽象的詞彙，近年來，「愛自己」更是被商品化，社會大眾告訴你「愛自己」就是要買哪些東西、要做醫美整型、要塑身節食、要去哪裡度假……，當然，這些都沒有不好，但若這些行為是保衛者用來逃避面對內心該處理議題的方式，那麼不管做多少，你內心受創孩子依舊會覺得自己不夠好。

如同蘇菲，不論她的保衛者做多少事情，讓自己看起來完美，她內心受創孩子依舊覺得自己不被愛。我在諮商中要幫助蘇菲進到「自我」狀態，帶著她去認識、理解、以及愛她的內在部分。

愛自己，就是指能夠愛你內在所有部分。

我想到另一位男性個案丹，今年四十多歲的丹，和伴侶很常吵架，他的妻子覺得丹完全不理解她、也不表達自己的感受。處理伴侶議題時，我常常會帶著個案反思：和伴侶互動時，你的哪些內在部分被觸發？

丹觀察到，當妻子問「你今天工作還好嗎？」時，會覺得自己被指責，認為妻子在質疑他的工作能力，所以就會充滿防衛地冷淡回覆、然後進到房間看電視不說話。

「如果你願意的話，讓自己回到妻子講那句話的當下，然後覺察你的身體。那個當下，你觀察到什麼？」我問。

「胸口很沉重，然後很快感受到臉頰發燙、有股能量想要衝出來。」丹說。

「試著跟這個身體感受待在一起，如果讓這個身體感受帶著你回到過去，有什麼畫面、文字、或想法冒出來嗎？」我問。

丹發現這個胸口沉重感是來自一位七歲的小男孩。在丹成長過程中，母親非常嚴厲，時常羞辱他，這位七歲小男孩攜帶著沉重的信念，覺得「我就是很糟糕、什麼都做不好。」

而臉頰發燙、有股能量要衝出來的感覺，丹也很熟悉。青少年時期，丹對於母親的批評有許多憤怒，但當時母親因經歷父親外遇而悲傷，所以丹不敢對母親表達任何憤怒。每當憤怒要衝出來時，「逃避」部分就會出現，讓丹轉身沉浸打電動的世界、把憤怒壓下去。

「聽起來，你內在那位小男孩被凍結在七歲，總是覺得自己不夠好。他無法區別『現在』和『過去』，會把你伴侶說的話當作是媽媽的批評。你的『憤怒』部分也被凍結在青少年階段，仍舊覺得不能表達憤怒情緒，於是每當感到憤怒時，『逃避』就會出現，讓你開始看電視、打電動。」

丹的內在部分被凍結在過去，持續用過去的信念和模式來面對現在的親密關係。這些內在部分不知道丹已經四十多歲了，有能力處理情緒，還有一位很願意聆聽他、想要跟他有情緒連結的伴侶。

雖然蘇菲和丹都因為伴侶議題來到諮商室，但真正要處理的，是他們內心被凍結在過去的保衛者和被放逐孩子。蘇菲和丹都需要練習回到「自我」狀態，成為內在系統的領導者，去好好愛內心的孩子們。

在親密關係中，練習「自我」領導

我們每一個人都可以成為自己內在孩子們的「主要照顧者」——讓你的內在孩子們知道你愛他們、不會拋棄他們。當內在孩子們不害怕被拋棄時，你才能夠在親密關係中自在做自己、愛彼此；若遇到不適合的關係，也可以決定離開。經歷分手、離婚、遭到伴侶劈腿或外遇時，內在孩子們當然會難過，但是他們知道有你在，你會好好愛他們，他們並不孤單、不會被拋棄。

親密關係是我們能夠在關係中展現所有的自己：光鮮亮麗的部分、黑暗的部分、內心脆弱的部分……，你願意分享真實的自己，而你的伴侶能夠好好陪伴與傾聽。

當然，你的伴侶可以愛你的內在孩子，但是你才是內在孩子的主要照顧者。

當我們在親密關係中能處在「自我領導」狀態，就能自在地溝通、告訴伴侶內心的想法。譬如丹可以跟妻子說：「當妳說那句話時，我內心那位七歲的小男孩覺得被批評，然後我的憤怒就會跳出來，接著會逃避去看電視。」而妻子也能跟丹分享她的內在感受：經過一整天沒見到丹，妻子想要有情緒連結，所以關心丹的工作，而丹的冷淡回應則觸發了妻子內心一位覺得不被愛的小女孩。

許多人會向外尋找解決感情困難的答案，像是詢問愛情專家、仰賴星座或算命告訴你該怎麼做……當然，聽聽不同觀點沒有不好，但是當我們太倚賴這些建議時，就是把你的內在力量交給別人，讓你失去認識自己和別人的機會。

或許，要解決感情議題，需要我們每個人往內心走，去了解和去愛內在孩子們，讓「自我」成為內心世界的領導者。

我現在理解到，好的親密關係是雙方都能處在「自我領導」狀態——我們是兩個獨立的個體，沒有誰需要誰、誰完整誰。我跟你在一起不是因為我需要你、不是因為我需要討愛，而是因為我喜歡和你相處，所以選擇讓你進入到我的生命中。可以有這樣的平等伴侶關係，是一件多美好的事情。

這樣的親密關係，是奠基於愛與尊重，不是奠基於恐懼或乞討愛。

我們每個人內心都有一個神奇廚房，你心中有源源不絕的愛。

16

在職場與人際關係中，展現「自我領導」

練習處在「自我」狀態，然後從「自我」來回應人，而不是從保衛者或受創孩子來回應。儘管無法控制別人會如何回應我，但我可以決定我自己要如何對待人。

世界著名的婚姻與家庭治療師艾絲特．佩萊爾（Esther Perel）曾說：「我們每個人都有兩份履歷，一份是正式寫在紙上的履歷，另一份是隱形的、是我們的人際關係履歷。」

如果以內在家庭系統（IFS）的角度來看，我們的人際關係履歷就是自己的內在部分──你的管理員、救火員、被放逐的孩子們，他們都會跟著你進入到職場中，跟著你工作、和同事和朋友們相處。

二十六歲的班森因為工作壓力大來到諮商室，在行銷領域工作一年多，班森從本來對工作充滿熱情與精力，到現在時常覺得無助疲倦，身體也經常不舒服，像是胃痛、胸悶、失眠。

「我的工作要負責管理許多方案、每天都要跟許多人溝通，我以前會覺得這個工作充滿挑戰、讓我學習到許多東西，直到幾個月前來了一位新主管後，我的工作狀態就開始改變了。這位新主管讓我很焦慮緊張，他常常用很拐彎抹角的方式跟我溝通，他的電子郵件總是讓我覺得被指責、好像我做錯了，但又說不清楚哪裡需要改進，讓我每天都很恐懼、怕自己做得很糟糕。」班森說。

我邀請班森讓自己回到收到主管信件的那些時刻，去觀察身體出現的感受，班森閉上眼睛，緩緩地說：「我感覺到胸口非常沉重，心跳很快，頭有一點暈眩，然後身體是漂浮的。情緒上，我感覺到非常煩躁、很無助。」

「如果你願意的話，邀請你閉著眼睛，讓這些身體感受帶著你回到過去——有什麼畫面或文字冒出來嗎？」我說。

班森閉上眼睛，過了一會兒說：「冒出來的畫面是我國中時，在學校的廁所裡，想著：我完蛋了！」

當保衛者學習到：不能信任任何人！

身為一位男同志，班森從小就學習到：我的性傾向是一個祕密，不可以讓人知道！在一個保守、有虔誠信仰的家庭中長大，班森感受到父母親並不接納同志、也會常常說出批評與歧視同志的話語。

從小，班森就知道他需要好好隱藏真實的自己，不可以讓父母或周遭的人知道自己真正是誰。國中時，班森有一位非常要好的朋友，班森非常信任這位朋友，於是向他透露了心中的祕密——沒想到，這位朋友轉頭居然就去和另幾個同學說，然後其中幾個便開始在學校散播消息。

「我得知的那一刻，馬上衝到廁所裡關起門，身體開始發抖，那個當下，我想著：我完蛋了，全校都知道了，我爸媽也會知道，我覺得充滿羞愧、不知道該怎麼辦。覺得都是自己的錯、我應該要藏好祕密。」班森說。

「對於一位十三歲的男孩來說，這真的是很痛苦的事件。你被最要好的朋友背叛、迫使你把真實的自己赤裸地暴露在大家面前，受到評價與排擠。然後面對這麼痛苦的事情，這位男孩沒有任何人可以倚靠。你對這位男孩有什麼感覺？」

「我覺得非常心疼，這對他來說真的是非常大的背叛。那天他學習到，他再也不會信任任何一個人。」班森說。

保衛者的工作，比我們想得更沉重

這位受了傷的男孩被凍結在十三歲，而為了要保護班森，他的其他內在部分開始擔當起保衛者的工作。在諮商中，我有機會帶著班森去探索與傾聽他內心珍貴的保衛者。

班森有個「築牆」管理員告訴他：「要和人保持距離，不要太親近，不要展現任何真實的你！」這個「築牆」部分在班森的心周圍築起厚厚的牆、把他的心關起來，讓他和所有人保持膚淺的關係，不要有任何真摯深厚的連結、也不要分享任何內心的真實想法。

不管是跟同事或是朋友圈，班森看似可以跟大家打成一片、經常聚會，但他內心常常覺得很孤單、感覺沒有人真正理解自己。

諮商中，班森花時間認識「築牆」部分後，理解到「築牆」幫他把心關起來，是為了要保護他：因為，把心關起來後，沒有任何連結，就不用去感受被背叛時的痛苦。

第二位則是「完美主義」管理員，要求把所有事情都做到完美，這位「完美主義」常常在腦中對他大吼：「你要把每一件事情都做完美，讓人無可挑剔，不可以犯任何錯誤！」這位「完美主義」讓班森在大學時期參與許多社團活動、接下領導職位、參與實習，以優異的成績畢業，也進到令人稱羨的公司工作。

工作中，都是這位「完美主義」管理員在主導，讓他犧牲休息時間與假期，全心專注工作，想在工作中盡快升遷。

認識「完美主義」部分後，班森也理解「完美主義」讓他把每件事情做到完美，是為了得到讚賞與欽羨，讓他感受到自己是重要的、有價值的，而當把事情做到完美，也能讓他不會被別人指責羞辱。

再來是「討好人」管理員，「討好人」告訴他：你的需求不重要，你要犧牲自己的需求、滿足別人，不可以讓別人不開心。在與同事或朋友的互動中，「討好人」經常主導，讓班森不表達自己的意見或渴望、總是順著別人的期望。「討好人」也常在工作中出現，讓自己加班幫同事完成工作，有幾個同事也常藉此占便宜、刻意把事情丟給他。

這樣的人際關係狀態讓班森覺得自己被占便宜、被利用，心中開始出現不滿與憤怒，然後「壓抑情緒」管理員就會出現，告訴他：有任何情緒都是不好的，憤怒很糟糕、悲傷很糟糕，你有情緒就是有問題，不可以生氣！

諮商中，班森理解到「討好人」會這麼做是為了要幫助他受到大家的喜歡、讓他覺得不會被拋棄。而「壓抑情緒」更是要幫助他平安渡過每一天，因為班森的父母親無法接納或表達情緒，常常指責或嘲諷他「太情緒化」了。於是「壓抑情緒」管理員出現，告訴班森有情緒就是不好的，確保班森不要展現任何情緒。

每當壓抑的情緒在內心累積太久，或是班森感覺到羞愧或被拒絕時，他的救火員部分就會衝出來滅火——「解離」會帶著班森離開自己的身體、讓他不用去感受，「把自己灌醉」會藉由喝酒或吸食大麻讓班森麻痺情緒，以及「想自殺」聲音會越來越大聲，告訴班森：你應該要消失在這個世界！

同樣地，在諮商中，班森也有機會去認識這些寶貴的救火員，他理解到，不管是解離、喝醉酒、或想自殺，他們的目的都是想幫助班森不用去感受痛苦。

保衛者與被放逐孩子，都需要你的愛

ＩＦＳ治療並不是要趕走個案的內在部分、或是強迫他們做改變，我們的每一個內在部分都是想要幫助我們，班森的「築牆」、「完美主義」、「討好人」、「壓抑情緒」、「解離」、「把自己灌醉」、「想自殺」……這些部分都沒有問題，會做這些行為都是想幫助班森。

很多時候這些保衛者也被凍結在過去年紀，不知道班森已經成年，現在有許多資源和支持、也有一個很愛他的男友。ＩＦＳ治療要做的，是讓班森能夠進入到「自我」狀態，去傾聽了解每一個部分，並去重新愛這些一直以來努力工作的保衛者。

對我來說，看到個案進入「自我」狀態，是諮商中最美麗的畫面。我非常印象深刻地記得班森眼睛發亮、緩緩地說出：「我以前很討厭這些行為，認為他們是我內心的惡魔、內心的黑暗怪獸，但原來，他們不是惡魔，他們只是想幫助我。」我看見從班森內心散發出來的理解、慈悲、與憐憫，而我知道，從那裡，班森可以好好重新愛他的保衛者們。

因為做ＩＦＳ治療，讓我有機會去看見許多個案的內心世界，以及住在他們心中寶貴的內在部分們，我對於每一位保衛者都充滿敬畏與尊敬——在我們年幼、沒有太多資源時，這些保衛者竟然可以發展出這麼多方法幫助我們存活、繼續過生活，這是多麼令人讚嘆的事情。

這些保衛者都是想讓我們不用去感受內心痛苦，和班森的諮商中，我們也有機會去探索他內心受創的孩子。除了那位十三歲被背叛的男孩外，他內心還有其他年紀更小的孩子們——這些孩子攜帶著被拋棄的恐懼，認為「我是個負擔、不會有人愛我、我不夠好」，以及內化周遭的人和社會對同志的歧視與偏見，認為自己有問題、充滿羞愧。

這些被放逐的孩子們，也需要班森的愛，知道他們不孤單了，因為不管發生什麼事情，班森都會在這裡陪著他們。

用「自我」來面對人際關係

當班森能夠重新去愛內在部分後，他就能夠開始練習用「自我領導」狀態去和主管、同事、或朋友相處。也就是說，班森的保衛者或被放逐孩子還是會出現，但是現在班森是坐在駕駛座的人。

當班森的「討好人」想要幫同事工作時，他能夠覺察到，然後跟「討好人」對話，讓「討好人」知道他現在是成人了、有能力設定界線、和處理別人的回應。每次收到主管的指責郵件，觸發那位被凍結在十三歲的男孩時，班森也能溫柔地陪伴那位男孩，告訴那位男孩他不孤單。

每當「築牆」開始把心關起來時，班森能夠觀察到，然後讓「築牆」了解，他現在能夠區辨哪些人需要保持距離、哪些人可以建立連結。班森也開始練習愛自己的救火員，帶著慈悲之心傾聽與擁抱讓他解離、喝醉酒、和想自殺的部分。

班森的每一個內在部分都充滿智慧，他們會做這些行為，都是想要保護班森。這些珍貴的管理員、救火員、被放逐孩子，都不該被趕走，他們不是敵人，而是班森最忠誠的朋友，他們應該被好好擁抱、傾聽、與理解。

不管是面對同事、朋友、家人、伴侶……人際關係都是複雜的議題，因為我有自己的內在部分，別人也有他的內在部分。當我和另一個人相處時，不只是「兩個人」互動，而是有一群內在部分在互動——我們彼此的管理員、救火員、被放逐孩子都可能被觸發、坐上駕駛座、掌控我們的行為來回應對方。

當我用ＩＦＳ的角度去看待每個人的行為時，我開始看見每個人行為背後的保衛者。

班森的主管寫郵件拐彎抹角指責人，而不是直接和班森對話，這樣的行為是來自主管的保衛者；班森的同事刻意占他便宜、把事情丟給他，這樣的行為也是來自同事的保衛者；班森的父母親也有劇烈的保衛者，對於同志充滿排斥與歧視。我猜想，這些保衛者會這樣做，目的都是要保護每個人各自內心受創的脆弱孩子。

即便理解這些是來自保衛者的行為，也不代表就要繼續容忍別人的傷害。當班森能夠進入到「自我領導」狀態，他的「自我」就能夠採取行動做回應，不論是對主管、同事、或父母，班森可以溝通、設定界線、改變舊有行為模式。

當然，我們無法控制別人會如何回應，很有可能班森設定界線後，會受到主管、同事、或父母親的保衛者更激烈地反彈與攻擊。他要做的，就是持續練習進入到「自我」，去關愛被觸發的內在部分，然後由「自我」狀態來回應別人。

這是我學習IFS後最大的改變：練習處在「自我」狀態，然後從「自我」來回應人，而不是讓保衛者或受創孩子來回應。儘管無法控制別人會如何回應我，但我可以決定自己要如何對待人，而我想要用「自我」狀態來對待人。就算另一個人被激烈的救火員掌控，做出我不認同的行為，我也要能夠處在「自我」，保有慈悲、好奇、與同理，然後從這裡來回應。

促進社會正義，也是療癒

身為諮商師，我也理解到，許多個案的議題是來自更大社會結構和體制問題。班森身為同志完全沒有任何問題，但這個社會對於同志的歧視與偏見、以及以異性戀作為標準的社會結構，讓班森經歷痛苦、內化來自社會的壓迫。

我相信，療癒不只是發生在諮商室中，也發生在促進社會正義中。幫助班森療癒非常重要，而除了每個人的復原外，我們也需要處理更大的社會議題——讓社會更公平、正義、以及尊重多元。

社會正義的倡議是諮商師重要的工作內容，因為社會中的歧視與壓迫，像是殖民主義、父權主義、異性戀主義、種族歧視……這些體制上的議題都在影響我們的身心健康。

我也在持續學習這些議題、練習用「自我領導」狀態來促進社會正義。

和班森結束諮商後，過了一陣子，我收到他寄來的信件，信中他寫著：

我的每個內在部分都還在這裡——築牆、完美主義、討好人、壓抑情緒、解離、灌醉、想自殺、被放逐孩子……他們依舊都在。而現在的差別是，他們都坐在這裡，而我可以看著他們的眼睛、對他們微笑，溫柔地告訴他們：「有我在，我在這裡！」

讀到班森的郵件時，我腦中浮現出班森和他的內在部分坐著圍成一圈，互相凝視、微笑，每個內在部分都有各自重要的位置、每個人都被好好傾聽與理解，這是多麼美麗的畫面。

17

你從祖先身上，繼承了哪些重擔？

有哪些我們現在攜帶的信念、被稱作「傳統」或「文化」的事物，是源於過去的人在當時經歷的創傷和痛苦？我們真的要繼續把這些東西稱作文化，然後傳承下去嗎？

三十六歲的希拉，是一位全職媽媽，有三個年幼的孩子、和一個親友們稱羨的美滿生活。希拉來到諮商室，是因為她覺得現在的生活很疲倦，六年多來全職在家顧孩子，希拉很開心能陪伴孩子成長，但也漸漸開始不知道自己是誰、和伴侶也越來越疏遠。她有一種內心被掏空、很空虛的感覺。

希拉有個很強烈的管理員部分，時時刻刻跟她說：「妳要跟妳媽媽一樣，當個完美母親！」這個「完美媽媽」部分常常讓希拉感到內疚，譬如花時間來做心理諮商，就會讓希拉覺得很自私。

「我媽媽也是全職媽媽，她完全沒有自己的生活、所有時間都放在孩子身上，我總覺得要跟媽媽一樣，才是好母親。」希拉繼續說：「但是現在的生活讓我好空虛，我不知道自己是誰，和有工作的朋友聊天時，都覺得我們生活在兩個完全不同的世界，我也很羨慕他們可以工作。每當我想找工作時，這個『完美媽媽』就會跳出來指責：去工作就不能陪在孩子身邊，妳這樣很自私！」

「聽起來，『完美媽媽』認為妳要跟妳媽媽一樣才對，可以理解她為什麼會這樣想。請妳問問看『完美媽媽』願不願意到旁邊稍微休息，讓我們有空間去探索其它部分呢？」我問。

希拉閉上眼睛，我感受到她的身體姿態變得僵硬。「妳現在觀察到什麼？」我問，希拉用手摸著喉嚨：「我突然感覺到有個東西卡在喉嚨，很緊繃，讓我無法呼吸。」

「妳願意跟這個卡在喉嚨的感受待在一起一下嗎？」我邀請希拉和這個感受共處、不需要去做改變：「這個部分有沒有想說些什麼、或是有沒有冒出什麼畫面或文字呢？」

「這個『喉嚨卡住』的部分說：不可以繼續、不可以說媽媽的壞話！」希拉眼眶泛紅地說。

我非常尊重個案的每一個保衛者，我告訴希拉，我很歡迎這個卡在喉嚨的部分，我知道這個部分是想保護她，諮商過程中，我也不會強迫她說任何還沒準備好的事。

創傷如何在家族中傳遞

接下來幾次諮商會談，我們有機會去認識這位「喉嚨卡住」部分，希拉發現，這個部分在壓抑內心深處的某些情緒，不斷跟她說：「媽媽過去承受很多創傷，也在婚姻中經歷家暴，而且媽媽已經過世了，不可以說媽媽的壞話！」

繼續探索後，希拉了解到，原來「喉嚨卡住」部分在努力壓抑的，是埋藏在自己內心對母親的憤怒──「這個『憤怒』部分對媽媽充滿劇烈的憤怒，成長過程中爸爸常常打我、羞辱我，而當爸爸傷害我時，媽媽什麼事都沒做。她完全沒有阻止、沒有說任何話、她冷眼觀看、變得很冷漠。她完全沒有保護我！」

憤怒是非常重要和正常的情緒，我邀請希拉去跟「憤怒」部分表達同理和理解，花一點時間和「憤怒」待在一起，仔細傾聽「憤怒」還有沒有想分享什麼。

希拉閉上眼睛傾聽憤怒，然後開始掉眼淚：「『憤怒』很想對我媽媽大吼：妳為什麼不保護我？我這麼小、這麼恐懼害怕，妳為什麼可以什麼事情都不做？」希拉有個部分對媽媽感到憤怒是很正常的，但小女孩希拉無法對媽媽生氣，因為有一位充滿暴力的爸爸，媽媽是唯一她能倚靠的人，所以這個「喉嚨卡住」部分努力把希拉對母親的憤怒壓抑下去。

我猜想，希拉的媽媽也有她自己的創傷，所以在面對丈夫暴力對待希拉時，她凍結、麻木、或解離了，讓她無法回應小女孩希拉的需求。這就是創傷如何在家族世代中傳遞——希拉的父母親各自有自己的創傷，而當他們無法處理自己的創傷時，就會被保衛者主導來對待下一代。爸爸的保衛者是「暴力」，會對妻子與女兒暴力相待，而媽媽的保衛者是「凍結、解離」，讓她能夠「冷眼旁觀」希拉被傷害。

希拉可以理解母親的行為來自創傷，也同時給予自己的憤怒足夠的空間舒展，我邀請希拉拿紙或筆記本書寫，讓她的「憤怒」可以盡情寫作宣洩對母親的憤怒、不需要顧慮語言用詞，就讓「憤怒」說任何想說的話。寫完後，希拉可以就把紙撕掉。我請希拉每天做這個練習，讓她內心每個部分都能夠表達情緒，我也常常這樣做，讓我的內在部分盡情寫作抒發情緒，寫完後，我就會把紙撕掉。

不管你的保衛者或被放逐孩子有哪些情緒，他們擁有的任何情緒都是正常的，而這些情緒需要的，是一個能夠舒展和被接納的空間。

來自祖先的繼承重擔

當希拉給「憤怒」空間抒發後，我請她再回去認識那位「完美媽媽」部分。「聽起來，這個部分攜帶著『我一定要當完美媽媽』的重擔。妳覺得這個信念有多少是屬於自己的？有多少是來自妳母親、祖母、或家族中更早的女性？」我問。

希拉想一想說：「我覺得這個信念有百分之二十屬於我，有百分之八十是屬於我媽媽、祖母、和曾祖母。」

這本書前面有介紹，我們的內在部分攜帶著「重擔」（burdens），這些「重擔」可能是信念、情緒、或想法等等，通常這些重擔源自於過去發生在我們身上的痛苦事件，譬如你小時候常常被羞辱，就可能有個內在孩子揹著「我不重要」的信念重擔。

而有些重擔，是從我們的祖先傳承下來，稱作「繼承重擔」（Legacy burdens）。譬如希拉認為「當個媽媽必須完全犧牲自我」的信念，就是一個繼承重擔。這個信念雖然是從媽媽傳給希拉，但並不是起源於媽媽，可能是從她的祖母、曾祖母、或更早的祖先而來。

我記得第一次在內在家庭系統（IFS）課程中聽到「繼承重擔」這個詞時，我意識到自己攜帶許多繼承重擔。身為一位順性別、異性戀女性，我的內在部分也揹負著社會與文化加諸在女性身上的信念重擔：女性是輔助角色、是附屬品、必須安靜、不要占太多空間、不要有太多聲音、存在是為了成全男性、不可能自己獨立……。這樣的信念過去深深影響著我，也差點讓我在過往親密關係中完全失去自我。

學習「繼承重擔」概念後，我理解到：我身上揹著的這些信念根本就不是我的，而是來自更早以前的人、來自這個社會文化，我非常樂意卸掉這些根本不是自己的重擔。在IFS裡，治療師會帶著個案幫助內在部分「卸除重擔」（Unburden）——你可以把重擔丟到火裡、倒進海裡、讓風吹走、或其他你想做的方法。我的內在部分則是搭起營火，把這些關於「女性角色」的繼承重擔丟進熊熊烈火之中。

在諮商室中，我看到個案們身上揹著沉重的「繼承重擔」——覺得性是骯髒羞恥的、女性不可以享受性；要堅強、不可以展現脆弱和情緒；男性應該陽剛、要有侵略性、要事業有成；女性應該要結婚、沒有婚姻就不完整、要依附另一半；我們不會有錢、不會富有；抱持缺稀心態、資源永遠都不夠；這個社會很危險、不可以信任人、別人會傷害我們；要一直工作、不可以休息；不可以放棄，弱者才會放棄……。

我想邀請你花一點時間停下來檢視：你呢？你攜帶著哪些繼承重擔？若你願意，可以拿出筆記本，寫下你內在部分攜帶的繼承重擔。

我們的社會，攜帶多少繼承重擔？

IFS創辦人史華茲博士在書中寫到，美國社會有四種主要的「繼承重擔」，分別是種族歧視、父權主義、個人主義、和物質主義。

在美國生活十年，我深刻感受到許多人揹著這四種繼承重擔。因為無法面對和處理過去屠殺北美原住民、殘暴蓄奴、種族歧視、和其他累積了幾百年來的暴力與創傷，許多人的保衛者緊抓著白人至上主義、父權主義、關注個人成功、將失敗歸咎於個人問題、不斷追求成就，以及迷戀個人品牌、消費購物、財富與名氣地位。

作家布麗姬．舒爾特（Brigid Schulte）在著作《Overwhelmed》書中寫到美國社會十分崇尚忙碌：員工自以為傲地說這禮拜工作了九十小時、公司和社會鼓吹與讚賞這樣的價值觀。忙碌和過度工作變成一個人的地位象徵，連孩子也被排滿各種才藝與活動，每個人都像是在滾輪上不斷奔跑的倉鼠，永遠停不下來。

英文詞彙「Striving」非常貼切地形容這樣的狀態：「Striving」是指不斷持續奮鬥努力、達成一個目標後立刻有下一個目標，永不停止。就好像不斷在為自己拼命「打造」一個美好的人生，但是你卻從來沒有真正地在這樣的人生中「活著」。

有趣的是，舒爾特在書中寫她到丹麥訪視，發現那裡的文化非常不同。在美國，過度工作會被大家讚賞、認為你很認真努力。但是在丹麥，如果下班後還繼續工作，大家會認為你是不是工作沒有效率，不然為什麼下班後還要工作？

不僅僅是美國，台灣社會也崇尚忙碌與過度工作，社群網站上常常會看到朋友們貼文說自己有多忙，似乎越忙碌就好像越重要、越有價值。有很長一段時間，我的「女超人」保衛者也崇尚忙碌與過度工作，讓我不斷做各種事情。我想起美國知名作家格倫農·杜爾尼（Glennon Doyle）在她的書中寫到的雪球裝飾比喻：一個圓形的玻璃飾品，用手搖晃時裡面的雪片就會開始飛舞，而當我們忙碌工作、不斷追求下一個目標、再下一個目標時，就像是不斷搖晃這個雪球裝飾，讓雪片紛亂飛舞，這樣，我們就不需要去看見中間到底有什麼。

當我的「女超人」停下不斷忙碌——當這些飛舞的雪片都沉澱下來後——我要面對的，是內心那些被放逐孩子們。

我想著，這個社會如此崇尚忙碌，是不是因為我們都不敢停下來？我們害怕停下來後，要面對內心的什麼？

你想傳遞什麼信念給下一代？

這幾年越了解美國的繼承重擔與歷史創傷後，我也不斷思索：那我們呢？台灣社會中有哪些繼承重擔？我們揹負著哪些從前人傳遞下來的信念？

台灣文化重視升學，我想許多人都攜帶著「學歷至上」這個繼承重擔，把學歷與一個人的價值畫上等號、用文憑和職業來評價人。我們可以幫助自己卸除這個重擔——這個信念重擔不是我們的，是來自於很早以前的祖先和當時的社會脈絡。我們可以練習去看見：每一個人不管學歷、成就、職業、身材外貌，都是同等有價值，我們可以尊重與欣賞每一個人，每個人的存在就是價值。

我曾經在一場演講中，請聽眾匿名填寫他們攜帶著哪些「我應該……」信念，大家寫著：我應該要成功、賺大錢；我應該要變得很有名；我應該要當個乖小孩、順從父母；男性應該要陽剛、不可以哭；我應該要喜歡異性；女生應該要趕快結婚、生小孩；女性應該要安靜、不可以有意見……。

這些「我應該」的信念，有多少是繼承重擔呢？有多少是屬於你，多少是來自我們的祖先？

美國知名創傷治療師雷斯瑪・曼納肯（Resmaa Menakem）在著作《My Grandmother's Hands》中寫道：「當過去的創傷被傳承下來，並且失去了脈絡背景後，就變成了『文化』。」

我思考著：有哪些我們現在攜帶的信念、被稱作「傳統」或「文化」的事物，是源於過去的人在當時經歷的創傷和痛苦？我們真的要繼續把這些東西稱作文化，然後傳承下去嗎？

我不要。

我相信每個人都可以花時間檢視自己從祖先所繼承的信念，然後把不符合你的價值觀的信念卸除掉，仔細檢視想要把什麼傳給下一代。

我想要傳遞給下一代——

我們每個人都同樣平等與重要，不管學歷、職業、外貌、地位、種族、性別認同、性傾向，每一個人都同等有價值。

我們可以練習欣賞每個人的差異，而不是把差異當作誰比較優越或低劣。

我們可以慢下來、可以休息，你的價值並不取決於你做了哪些事情、累積哪些成就或財富。你的存在本身就是價值。

我們可以展現情緒與脆弱面，感受情緒是真實的活著。

女性可以獨立、有野心、有自己的想法和夢想、有自己想要的生活和事業。

男性可以展現溫柔與脆弱、可以哭泣、表露情緒，然後知道表露情緒讓你成為更真實的一個人。

這些是我想要傳給下一代的信念，那你呢？你想要卸掉哪些繼承重擔？又要傳承哪些信念給下一代？

探索內在

讓內在部分書寫

這是一個我經常邀請個案們做的小活動，你可以每天給自己十五分鐘，拿出紙筆，讓某個內在部分書寫，盡情表達他想講的話和情緒。

這個書寫活動不需要任何詞彙修飾、也不用給別人讀，這是一個給你內在部分說話的安全空間。寫完後，就可以把紙撕掉，或是把電腦中的檔案刪除。你內在部分所擁有的任何情緒都是正常的，這些情緒需要的是一個被聆聽的空間。

18

愛是一切的答案

面對內心的每個部分，我們需要給予愛——同理、慈悲、傾聽與理解。當我們能夠好好愛內心的保衛者，他們才能開始做改變。同樣的，面對別人的保衛者，也需要慈悲與理解。

我寫這篇文章時，是二〇二一年的八月十一日，四年前的這天，位於美國維吉尼亞州的城鎮夏洛茨維爾（Charlottesville），有多個白人至上團體進行集會遊行，包含新納粹主義團體、3K黨、和其他極端右翼組織……等等，他們揮舞著納粹標誌旗幟、拿著充滿種族歧視、憎恨移民、憎恨猶太人的標語。

那天這場白人至上主義集會的對面，有另一個「反種族歧視」遊行，令人心痛的是，一位白人至上主義的成員，開車衝進「反種族歧視」的集會人群裡，造成一位女性死亡、三十多人受傷。

寫這篇文章時，我又回去看了這個事件的新聞報導和畫面，我感受到身體發麻、胸口沉重、無法好好呼吸。夏洛茨維爾事件，顯現了美國社會的分裂和極化、和累積了幾百年來的種族歧視問題。就如同我們的內在部分會極化、採取對立姿態，外在社會也會出現極化現象——在這個令人悲痛的事件中，當一方無法傾聽另一方，就變成了暴力攻擊。

最近聽到人權運動家迪雅・汗（Deeyah Khan）的訪談，當二〇一七年夏洛茨維爾事件發生時，她人也在現場，不過，她當時是站在白人至上主義集會人群裡的。

至今她仍記得當時心中的恐懼，以及想要朝著對面「反種族歧視」的人群大喊：「我是跟你們站在一起的！」

為什麼她人會在白人至上主義集會遊行裡？

當時迪雅・汗在拍攝一部紀錄片，想要去理解白人至上主義團體。集會前，她正在和一位白人至上主義成員對談，談完後，那位成員說他們正要去一場集會，邀請迪雅．汗加入。

這位3K黨成員本來只願意跟她談一個小時，但最後他們談話好幾個小時，迪雅．汗說，她非常認真聆聽對方，而聆聽很不容易，尤其當對方不斷說出充滿歧視和憎恨的言論，她必須克制自己想要回話反擊的衝動。

身為一位穆斯林女性、女性主義者、反對種族歧視、父母親是移民……，迪雅．汗在紀錄片一開始時就問這位3K黨成員：「所以，我是你的敵人嗎？」

迪雅．汗拍攝這個紀錄片是為了想去理解和了解這些人，她完全沒想到，因為拍攝紀錄片，她和其中一些人成為了朋友，持續保持聯繫。

而讓她更沒有意料到的，是後來一位3K黨的領袖居然打電話跟她說，他決定退出3K黨。

讀了迪雅．汗所做事情，你有什麼情緒和反應呢？

當我們被「救火員」主導

聽迪雅・汗的訪談時，我可以感受到內心的不同反應——當處在「自我」狀態時，我能夠對那些白人至上主義者充滿慈悲之心，能理解歧視和憎恨行為是來自他們的「救火員」部分，這些救火員背後顯示他們內心有許多創傷，而加入這些激進組織是帶給他們歸屬感與愛的方式。當我處在「自我」領導時，我知道用羞辱、責備、嘲諷這些人的方式不會有效，反而會讓他們的救火員更激烈反抗。

但是，在面對這些議題時，我很少能處在「自我領導」狀態，很多時候，我都是被保衛者掌控。

我有個保衛者想激動地大喊：「憑什麼你們這樣傷害人、散播仇恨，我還要花時間同理你？在美國的黑人、拉丁裔、原住民、亞裔、移民、同性戀者已經受到夠多傷害，為什麼感化你還是我的責任？你們傷害攻擊人，我卻要給你愛和慈悲？」

在面對種族歧視與社會正義議題時，我很容易被這個保衛者掌控，我也意識到這個保衛者在二〇二〇年美國總統選舉時很常跳出來，只要碰到支持川普的言論，我內心就會開始感到憤怒，落入救火員的行為中——想要羞辱攻擊對方、反駁、要告訴對方「你是錯的！」

當我被救火員部分主導時，我就失去了傾聽對方的能力。

在我自己的諮商中，我有機會去探索這位「攻擊、羞辱人」的救火員，這個部分感覺像是國中年紀，我發現，這個部分認為：「如果我傾聽對方、不反駁，就表示認同對方的言論。」我也意識到，似乎這個部分不知道如何和別人「不一樣」，或許是從小的教育中她都被灌輸「要跟別人一樣」，所以當碰到不同觀點的人時，她覺得一定要說服或反駁對方、要想盡辦法讓對方觀點跟她一致。

我也理解到，她會這樣做是在保護內心深處一位受創孩子，那位孩子很怕犯錯、認為「跟別人不一樣」就表示我是錯的，於是，這位「攻擊、羞辱人」救火員就會跳出來說對方是錯的，這樣才不會觸發內在那位小孩的痛苦。

我的救火員也被凍結在過去——她不知道如何容納差異和不同，她的思考非黑即白、非常二元化，她不知道如何穩穩站在灰色地帶、如何同時握有各種複雜觀點。

當我有機會去認識這個部分時，我非常感謝她，我感激她對於許多社會議題的重視，我也請她相信我：我有能力踩穩在灰色地帶，能傾聽不同意見，而傾聽不代表同意對方、而是我想要了解對方。我也謝謝她帶來的憤怒，憤怒是非常重要的情緒，我可以把憤怒能量用在很多事情上面，像是讀更多反種族歧視書籍、練習進行困難對話、在諮商課堂中帶領學生討論社會正義議題等等，而不是把憤怒用在羞辱攻擊人。

沒有「壞部分」

內在家庭系統（IFS）理論相信，每一個部分所做的行為都是要保護你。史華茲博士在二〇二一年出版了新書叫做《沒有不好的你》（《No Bad Parts》），就是要說：沒有任何一個內在部分是壞的、邪惡的。

過去，史華茲博士有機會把IFS治療帶入監獄中，在那裡，他看到非常極端的救火員部分——謀殺人、性侵、暴力攻擊、虐待……。當史華茲博士能夠好好去傾聽和理解這些救火員時，他看到這些部分本身並不壞也不邪惡，只是他們承擔起救火員責任，做出極端行為。

書中史華茲博士也分析美國前總統川普，他寫著：當我們能處在「自我」狀態，就能看到川普的行為來自他的極端救火員：種族歧視、仇視女性、排斥移民、貶低同性戀、極度自戀和自我膨脹……，這些都是他的救火員為了保護內在創傷的行徑。當我們內在越自卑，外在就需要越膨脹。

當然，我可以理解川普為何有這些行為、對他內心的傷痛給予慈悲，同時也看見他的救火員行徑對社會非常多人造成傷害、阻止他繼續傷害人、要求他該為自己的行為負責——我可以同時容納這些不同觀點，這些觀點可以同時存在。

同樣地，如果你現在處在一個被傷害的關係中，你可以理解對方的行為，但理解不代表你要繼續承受容忍傷害，你可以尋求協助、建立界線來保護自己。

迪雅．汗說，那位白人至上團體領袖離開組織後，失去了原有一切的支持和自我認同，他被本來的組織撻伐，也持續被社會大眾撻伐。迪雅・汗對他說：「你不能要求這個世界立刻接納你，你以前所做的行為、所推廣的價值觀，對社會帶來重大傷害。你需要為以前所做的事情負責，這需要時間，但是你不孤單，我會在這裡支持你。」

而我們能不能給每一個人這樣的機會：去看見自己的過錯、處理內心議題，然後為自己的過錯負責？

用「自我」領導來面對社會議題

學習IFS後，我也在練習成為一位「自我領導」的公民——可以用「自我領導」的狀態去面對社會議題、做社會正義倡議。

我猜想，不管是美國或台灣，都可以看到社會的極化和分裂。我們許多人都落入了二元分化，不管是對政治候選人或社會議題，就只剩「支持」或「反對」

兩種選項。我們用「某某粉」來形容支持某些政治人物的群族，好像這些人只剩下一種觀點與認同。

尤其在選舉和新冠病毒疫情期間，更可以看到許多人的救火員部分在社群網站上謾罵——罵政府、罵政治人物、罵立場跟你不同的親友、罵各式各樣的東西。

漸漸地，我們只願意待在同溫層、和想法相似的人相處，社群網站的演算法更讓我們只看到自己想看的資訊。面對不同立場的人，我們的救火員立刻跳出來攻擊對方、嘲笑對方愚蠢無知，或是乾脆和對方斷絕聯絡。

就算是倡議社會正義的團體，有時也會落入被救火員掌控的模式中。被救火員主導的社運團體，會用攻擊、羞辱、嘲笑立場不同的人的方式處理議題。

而當我們被救火員主導，就只會激起另一方的救火員，所以這些互相對抗的行徑通常都不太會有實質幫助，只會造成雙方更對立分化、更抗拒、行為手段更激烈。

唯有當我們處在「自我領導」狀態，才能讓另一個人也進到「自我」狀態，這樣才有可能做改變。不然，這個社會就是充斥著救火員們的互相謾罵與攻擊。

開始學習IFS後，我不斷思考：如果用「自我領導」狀態來面對社會議題，會是什麼樣子呢？

我沒有正確答案，會寫這篇文章也是因為我還在學習該怎麼做，我也想邀請讀這本書的你一起思考、一起嘗試新的方式。

我們可以去認識內心經常落入二元分化、想要攻擊人的保衛者，然後練習讓自己進到「自我」狀態中，用「自我」狀態去回應，做實質改變，讓這個社會可以往更平等正義的方向前進。

把被放逐的部分重新帶回家

美國黑人民權運動領袖馬丁・路德・金恩博士（Martin Luther King Jr.）說：「黑暗無法驅逐黑暗，只有光明能做到。仇恨無法驅逐仇恨，只有愛能做到。」

學習了IFS好幾年後，我終於理解了這句話——愛是一切的答案，不僅是面對外在世界，面對我們的內在世界也是一樣。

每個人的內心都有那些不喜歡、排斥、想要趕走的部分，而當我們用仇恨去面對這些部分時，並不會讓這些部分消失，反而會讓他們變得更極端劇烈。如同金恩博士所說：「仇恨無法驅逐仇恨，只有愛能做到。」

面對內心的每個部分，我們需要給予愛——同理、慈悲、傾聽與理解。當我們能夠好好愛內心的保衛者，他們才能開始做改變。同樣的，面對別人的保衛者，也需要慈悲與理解。

如同我們的內在世界把受創、脆弱的部分流放到邊境，在外界世界中，我們也把那些脆弱的族群驅趕到社會邊境——無家可歸者、身心障礙者、罪犯者、問題少年們……。

我想，這個社會想把他們趕走，因為他們代表著我們內心那些不想面對的脆弱與傷痛。

當我們能夠開始面對內心那些受創的被放逐者，療癒就能發生。

療癒是能夠整合——當我們能把那些被放逐的部分帶回家、重新融入你的內在系統中，療癒就能展開。

同樣地，當這個社會能夠開始面對那些長期被驅離和邊緣化的脆弱族群，把他們帶回家、讓他們重新融入社會，那麼，這個社會就能開始療癒。

這本書雖然講得是面對我們的內心部分，但我相信藉由改變我們的內心世界，我們也在改變外在世界。

唯有愛，我們內在世界的療癒才能開始。同樣的，唯有愛，外在世界的療癒才能開始。

當你能夠回到「自我」，重新去愛內在部分
這些內在部分就能轉變，找回他們本來美好的特質，
現在，牽起你內心的所有孩子們，
我們一起回家吧。

Part 4 現在，你可以重新回家了

19

療癒，是內在世界的整合

我們的內心世界也是一樣，或許你現在很想立刻改變你的保衛者，但是當我們急著逼迫保衛者做改變，往往會造成反效果。

我相信每個人都有生命中需要學習的課題，這些課題在我們內心裡——我們的內在部分揹著許多重擔，這些信念和情緒有些來自過去經歷、有些來自祖先傳承、以及來自社會文化。

或許，我們的人生課題，就是要學習如何卸除這些重擔。因為當我們卸除重擔後，就能找回自己真正是誰。

在找回自己真正是誰的旅途上，我們需要先知道自己「不是誰」——我們不是內心那些情緒、想法、信念、或行為。剛學習內在家庭系統（IFS）時，我以為內在部分就是他們所呈現出的行為與想法，但後來我理解到完全不是這樣。原來，內在部分是住在我們內心的人們，他們有自己本來的特質，但成長過程中為了要保護我們，他們被迫承擔各種責任與重擔、隱藏了原有的特質。

當內在部分有機會卸除重擔後，就能夠重拾他們本來的美好特質。

譬如，當「自我批評者」卸下批評羞辱的工作後，或許可以變成你的啦啦隊，用鼓勵的方式繼續幫助你往目標前進；「照顧人」部分可以幫你設定界線；「喜歡批評別人」部分可以幫助你看見與學習別人的優點；而那位本來很嚴格的「工作狂」可以教你如何放鬆……，我們每個內在部分其實都非常有智慧、也擁有美好的特質，只是他們被凍結在過去、卡在過往為了存活所發展出的職責中。

當我們能幫助內在部分卸除重擔，就能找回你可能從來不知道自己擁有的特質。或許，過往你覺得自己是怎麼樣的人、認定自己喜歡或不喜歡什麼……，這些都是內在部分攜帶的信念重擔，並不是真的。

或許，在卸除重擔後，你就能回到真正的你。

當我們不強迫改變，轉變才能開始

蓋伯．麥特醫師在紀錄片《創傷的智慧》中說：「當你能夠在這個人所在的位置跟他相會，好好善待他們、而不是只想著趕快改變他們，這樣才能開啟轉變的可能。」

很多時候，我們認為要幫助人，就是要他們「立刻做改變」，而麥特醫生過去長期接觸街頭無家可歸的藥物成癮者，從這些互動中他理解到，當他能夠尊重與善待每一個人、真正去了解傾聽、而不是急著想改變對方，這樣，改變才真的能發生。

對於我們的內心世界也是一樣，或許你現在很想立刻改變你的保衛者，要他們不要再批評你、不要再暴飲暴食、不要再這樣或那樣。但是當我們急著逼迫保衛者做改變，往往會造成反效果。

我們要做的，是抱持著好奇心，去認識、傾聽、和理解這些保衛者。這些內在部分就是住在我們內心的人們，就像我們善待外在世界的人一樣，我們可以用同樣的方式善待住在內心的人們——給予他們愛、尊重、與理解。

當保衛者感受到被理解傾聽、知道可以信任你、了解原來你已經不再是個孩子了、他們不需要再用過往的方式保護你，那麼，他們就有可能願意卸下重擔，開始轉變。

對於內心被放逐的孩子，他們更是需要你的愛，長期以來他們都被保衛者們驅逐到邊境、覺得孤獨。被放逐者需要知道可以信任倚賴你，知道當他們感到痛苦時，會有你的陪伴與安撫。

當內在孩子們好好被愛，才能卸除重擔。

過去十年，我內心一直有個聲音要找到療癒的答案，而我不斷向外尋找，念了諮商碩博士、投入各種訓練課程，我很感謝我找到了ＩＦＳ，引領著我回到內心裡——然後發現，原來答案就在我心裡。

現在我相信，我們人生需要的所有東西，都已經在我們的內心了，只是過去的傷痛經驗讓你的內在系統失衡，讓某些保衛者擔起重責大任、以及把某些受創孩子驅離。

當我們能夠走進內心深處，找到那些被驅逐的內在孩子，幫助他們處理凍結在身上的傷痛和情緒，然後將他們重新帶回系統中，就能重新整合，讓內在系統變和諧。

療癒就是進到內心，重新做連結和整合——如此簡單，也如此深刻。

每天，觀察有多少「自我」狀態

在學習IFS後，我開始練習用「自我領導」的方式過生活。

進到「自我」狀態是一種身體感受，當我處在「自我」時，我感受到身體穩穩地被支持、我的胸口是打開的、心是開啟的，呼吸可以非常的順暢。

現在，我每天會暫停下來，去覺察這個當下我有多少「自我」狀態，對我來說，胸口的感受是一個很好的覺察準則——只要觀察胸口現在是緊縮關閉，還是舒坦開放狀態，就知道現在是否處在「自我」狀態中。

當然，「自我」狀態並不是非黑即白、「有」或「沒有」，而是像一個光譜，有不同程度。譬如，寫這段文字時，我感覺到大概有百分之三十的「自我」、感覺到胸口有點沉重和緊縮、心是關起來的。於是，我讓自己做一點深呼吸，去覺察有哪些內在部分需要我的關注。

我觀察到，我的「寫作」部分很焦慮，她內心有個進度規劃、想要趕快把這本書寫完；「女超人」部分則感到緊張，她想要規劃未來，但現在生活中有許多不確定性，讓她覺得很有壓力。

於是，我花點時間跟她們對話，說我聽見她們的擔心和聲音，她們可以信任我、可以稍微放鬆。我告訴「寫作」，不管今天寫多少進度、她都足夠好了。我也跟「女超人」說謝謝，感謝她總是幫我規劃好一切，我告訴她，我有能力和未知共處，可以跟「不知道」待在一起。有時候不用知道，反而會有意想不到的美好事情出現。

邀請你每天花一點時間，覺察你現在是否處在「自我」狀態、或是有多少「自我」。你可以問自己：「現在誰在駕駛座？」是你在開車，還是內在部分在開車呢？若你發現你的保衛者在駕駛座，你可以跟他們溝通，請他們信任你、讓保衛者坐到後座休息，當然，他們還是可以給你建議，你也會好好地傾聽。

當我能夠處在「自我」狀態，就更能夠展現真實的自己。我可以表達真實的聲音和感受，可以展現我的脆弱和不完美，因為，當我的內在孩子知道她們有我可以倚靠時，那麼，外界如何回應，就沒有那麼大的影響力了。

別人可以對我生氣、批評我、拒絕我、可以不喜歡我寫的東西，過去外界的評價會讓我的內在孩子們很擔心，但現在，我的內在孩子知道我愛她們，我不會拋棄她們，這些外界評價就不再有劇烈影響了。

我的內在孩子們知道：不論發生什麼事情，我們都會好好的。

我們和內在部分的關係，就是和外在世界的關係

想像一下，如果我們都可以用「自我領導」狀態過生活，那麼，人與人之間的相處樣貌會多麼不同。當我的內在孩子不用害怕會被拋棄，我就能向你展現真實的自我，而不是只想展現出完美的樣貌。我可以用真實的自我和你相處，而不是只用保衛者跟你相處。

許多人際關係困擾，都是來自內在系統的失衡。因為內在孩子害怕不被愛，所以保衛者確保我們展現出別人喜歡的樣子、達到別人的期待、滿足別人的需求。於是，你壓抑自己的情緒、抑制表達自我、犧牲委屈自己。

我們的保衛者總是活在過去或未來，他們被凍結在過去的痛楚中、或是不斷擔憂著未來。而當我能進到「自我」時，我就能活在當下，能夠感受每個當下我的經驗、情緒、與身體狀態。我理解到，能夠處在當下就是能夠面對未知，我只需要活在此時此刻，迎接每個此時此刻的到來。

我學習IFS是為了療癒自己的內心，而這趟療癒之旅讓我最驚喜的，是

發現當我改變自己內在世界的關係時，也同時改變了和外在世界的關係。當我能夠接納與愛自己內在每個部分，就也能夠接納別人的每個部分。

當我能夠和自己內在的脆弱與情緒待在一起，也就能和別人的脆弱和情緒待在一起。

當朋友感到痛苦時，我可以提供一個空間給痛苦舒展，我「想解決問題」或是「叫對方不要再難過」的衝動消失了，因為我能夠和對方的痛苦相處——不需要去改變，只要待在一起就好——就如同我能夠和自己內心的痛楚待在一起。

我們與外在世界的人際關係，著實反映著我們內心世界的人際關係。

我相信，人的本質是愛與連結，我們每個人的內心都有這些特質。而我想寫這本書讓你知道，我們每個人都有能力療癒自己，而答案和力量就在你的內心裡。希望這本書可以幫助你認識自己的內在，讓你回到「自我」，找回真實的自己，用「自我領導」方式過一個真實的人生。

20 每一個內在部分，都是被歡迎的

當創傷再度浮現，並不是表示我失敗了、也不是我做不好，而是我的內在部分需要新的方式療癒，而我也有能力幫助他們轉變與療癒。

我的內在家庭系統（IFS）療癒之旅中非常幸運的事情，就是有一位也在學習IFS的摯友。莫莉是我生命中一位非常重要和珍貴的朋友，她在就讀諮商碩班時，當時念博班的我是她的督導，畢業後，我們保持聯繫、建立珍貴的友誼，疫情中每個禮拜都視訊、分享各自內心成長。因為莫莉是如此重要的人，我詢問她願不願意為我的書寫一篇文章，由我翻譯成中文，分享她的IFS療癒旅程。以下是來自莫莉寫的文字。

來自內在部分的渴望

幾個月前，我跟先生說我的「寫作」部分非常需要寫作，但是她有幾個條件：第一，她要能不需修飾地真實寫出我的療癒之旅；第二，她想要我寫的東西可以被出版；最後，她不想要我的家人或親戚讀到我寫的東西。所以當我的摯友佩萱，在不知道這些條件的狀況下，詢問我願不願意為她的書寫一篇文章時，我的內在部分非常驚喜——哇，我的「寫作」部分列出的所有條件，都成真了！

所以，親愛的讀者們，在這裡，我謙卑地跟你們分享我的內在部分和他們的故事。我無法欺騙掩飾，只能真實地分享我的療癒之旅——這個旅程很混亂，寫這篇文章的過程我也充滿掙扎，因為生命發生了許多改變。

讓我們開始吧，我再一邊解釋發生了什麼事情。

得到內在部分的允許，開始寫作

當我準備要寫作時，我閉上眼睛，想著我站在舞台上，看著坐在觀眾席的人們——我的內在部分們。我緩慢地呼吸，對他們說：「佩萱邀請我（和你們）寫這本書，這是很重大的事情，我知道『寫作』部分非常興奮，但我知道你們其他人也有話要說。因為這只是一篇文章，我們沒辦法全部都出現，等未來我出書時，你們就有足夠的空間分享自己的故事。」

我的「鞭打者」部分立刻高舉起手，他有著寬闊的肩膀、穿著一件黑色披風。如果不是已經做了許多自我療癒，知道那嚇人的身形底下是一位踩著高蹺的小男孩，我可能還會很怕他。他已經保護我好久了，我也知道他現在非常急切地要保衛我，我向他點點頭：「請說。」

他清清喉嚨，把胸挺直：「妳在跟我開玩笑嗎？寫書？不行！當然不行！我說過了，不可以寫書，妳瘋了嗎？妳的阿姨會讀到、爸爸會讀到、而且妳還有小孩耶！」等他說完後我回覆：「這本書不會用英文出版，而是用中文出版，是中文！所以不會有家人讀到，你們可以不加修飾地說自己的故事！」聽完後，「鞭打者」點點頭同意說：「那我沒問題了。」

觀眾席成員們安靜了一陣子，接著，後排有隻小手舉起來，綁著辮子的六歲莫莉小聲地說：「妳可以告訴讀者妳是如何拯救我的。」十五歲的莫莉也跟著加入，接著，十七歲大肚子、懷有身孕的莫莉站起來說：「妳要告訴大家我的故事。」一個接著一個，想出現在書中的內在部分紛紛站起來：我的「演員」、「鞭打者」、「療癒者」和「暴食」部分都起身了。

我看著她們說：「我知道妳們想要我分享什麼故事，但妳們確定我可以分享嗎？」他們望向彼此，然後對我點點頭，也同意了「寫作」部分把我的性創傷寫成文字，希望這些文字可以幫助到正在閱讀的你們。

我深吸了一口氣，把手放在我的心上，輕柔地說：「每一個部分都是被歡迎的。」然後，我讓「寫作」部分出現，分享我是如何療癒性創傷、如何回到「自我領導」。

我如何接觸到ＩＦＳ

就讀心理諮商研究所第一個學期，有位諮商師到課堂中談論失落與哀傷，過程中簡單提到了ＩＦＳ。那是研究所第一次，有人解釋了有一個理論是來幫助人看見他們內心的複雜性和完整性，這也是我看待個案和自己議題的眼光——每個人都是完整的、善良的，我們的內在部分只是想要保護我們。那次的簡短介紹，讓我被ＩＦＳ吸引，下課後我去和這位諮商師談話，她告訴我，她工作的機構接下來會有一個三天ＩＦＳ訓練課程。

隔天，我和我的督導第一次見面，我很緊張地跟她說我最近聽到一個理論叫做IFS，雖然以前從來沒聽過，但我很喜歡，接下來也要去參加課程。我的督導回應，她剛好也要去參加那個三天課程！原來舉辦課程的是她實習的機構。而這位督導正是佩萱，我非常感激命運讓她成為我的督導。

那次IFS課程中有個類似心理劇的體驗活動，講師路易絲．埃爾曼（Lois Ehrmann）博士邀請現場一個人當個案探索內在部分，然後其他人扮演內在部分。我鼓起勇氣當個案，埃爾曼博士問我想探索什麼議題，當時是個碩士生、剛開始見習、準備諮商真實個案的我說：「我很害怕我會傷害到個案，我很恐懼自己根本不知道在幹嘛、根本還沒準備好、不值得幫助人。」

埃爾曼博士邀請學員來扮演我的內在部分，第一位出場的是我的「鞭打者」部分——這是我第一次認識「鞭打者」，這位很愛批判的部分總是對我有超高標準，他告訴我一定要完美，除非我完美了，不然我的需求一點都不重要。「鞭打者」知道我一定會把每件事情都搞砸，演我「鞭打者」的學員緊貼在我右邊，不斷對我大聲覆誦：「妳不要搞砸！不要毀了任何人！」

然後站在我左邊的，是「注意力缺失（ADHD）」部分，演我ADHD部分的學員大喊：「就是妳混亂的頭腦把一切事情都搞砸，妳根本不可能幫助到人！」在埃爾曼博士的幫助下，ADHD部分願意稍微站開，讓我看見我的「諧星」——這個部分常常用開玩笑和搞笑的方式，幫助我分心、減緩恐懼。

一個接著一個，不同人來扮演我內心常出現的部分，我看著這些部分在我面前，不斷覆誦他們對我的能力的擔憂。埃爾曼博士帶著我去一一面對這些保衛者，而當保衛者們願意稍微站開後，我終於看見她們身後的被放逐者們。

我看見了十七歲的莫莉，她懷著身孕、充滿不安全感、覺得自己很糟糕，扮演十七歲莫莉的學員對我說著：「我不值得求救，是我把自己搞砸的，我現在是個年輕單親媽媽，我需要長大，不能讓大家看見我在痛苦掙扎。」埃爾曼博士帶著我去關愛撫慰這個十七歲部分，當她願意站開一點後，我看見後面是一位六歲的小女孩。

當六歲小女孩莫莉出現後，我的「鞭打者」開始擋在我和那位小女孩之間。突然間有個記憶浮起，我開始掉眼淚——六歲時，有次我媽媽把我放到她的朋友家玩，在那裡，我被性侵害。回到家後，我非常憤怒，覺得被她遺棄、被她逼迫去那裡玩。我媽媽當然不知道我被性侵，只認為我在鬧脾氣，因為我忌妒姊姊可以有朋友來家裡玩。所以她很生氣地抓著我的衣領對我大吼：「妳這個被寵壞的壞孩子，真是夠了！給我去妳的房間！」

那個當下，我的「鞭打者」誕生了，她出現來幫助我不要感受羞愧、不用感受媽媽的憤怒、我的憤怒、和我的創傷。她幫我壓抑脆弱，讓我麻痺情緒、不准我犯錯、這樣我就不會被人批評「被寵壞」。突然間，一切都清晰了——我很害怕幫助人，是因為過去的我從來沒有好好被幫助過；我很怕把人搞砸，因為我把自己搞砸了；我很害怕看見身處痛苦中的人，因為當我以前表達苦痛時，總會讓我深陷更多麻煩與痛苦。

這個活動轉變了我的人生，開啟了之後好幾年 IFS 療癒之旅。我理解到，「鞭打者」因為童年性創傷誕生，而我後來持續經歷被性侵，是因為我覺得自己不能求救、也不值得被幫助。我非常想幫助別人療癒，但又恐懼自己是個冒牌諮商師。這個活動讓我看見多年來我的保衛者努力阻擋的被放逐孩子們，我終於有機會蹲在六歲莫莉前，告訴這位小女孩那些當時的我希望可以聽見的話語。

後來，我也有機會幫助這位小女孩卸除重擔，將她從黑暗中帶出來。

認識我的內在系統

那次課程開啟了我的療癒之旅，我持續做諮商、和內在部分對話、好好聆聽他們。我理解到我的許多部分都是因為性創傷而誕生，到目前為止，你們已經認識了我的管理員「鞭打者」，接下來我想介紹其他內在部分：

被放逐者

「六歲的莫莉」

因為那天媽媽的回應，這位六歲小女孩攜帶著性創傷重擔，她非常怕被批評，尤其是任何跟「被寵壞」的指責，也非常害怕憤怒情緒，有好幾年來，我完全無法面對自己的憤怒。這位小女孩也很怕任何來自媽媽的評價，所以當媽媽在時，「鞭打者」一定會出現讓我完美。後來，我有機會跟媽媽談論這個性創傷經歷、以及她當時的回應如何重大影響影我，也有機會修復我們之間的關係。而我知道，不管我和媽媽的關係是否修復，我都能夠拯救這位六歲小女孩。

「十五歲的莫莉」

因為童年性創傷，加上成長過程被灌輸嚴格的宗教教條，十五歲的我深信我很骯髒、糟糕。所以當高中男友強暴我時，我沒有反抗、沒有求救，我相信我活該被強暴、反正我已經不純潔了。十五歲的莫莉，帶著許多性創傷秘密。

「十七歲的單親媽媽莫莉」

我十七歲時，高中男友讓我懷孕了（他現在是我的前夫）。十七歲的我認為我沒有權利抱怨、不能求助、應該要結婚、當個完美媽媽。所以我十九歲結婚，婚姻中也不敢要求避孕，二十歲時懷了第二胎。二十一歲時我離婚，這段充滿暴力與虐待的婚姻把我的自信心全部碾碎，讓我不敢追尋夢想、不敢制定目標，包含對念研究所也充滿恐懼。這部分被凍結在過去，以為我還是個青少女媽媽要獨自扶養孩子，不知道我已經長大了。

救火員

「性愛」部分

十六歲生日後，我的「性愛」部分誕生了，當時的我經歷許多性創傷、有很深的無助感，而「性愛」理解到：如果我主動跟大家發生性關係，那我就不可能被強暴，我就會有掌控權。「性愛」部分跟許多人發生性行為、一夜情，她讓我從性愛中得到認可、讓我被需要。有好幾年，我的生活都被「性愛」主導，直到我去看見她、好好愛她，他才卸下工作。

以上這些都是因為性創傷所出現的部分，除此之外，其他內在部分也出現來保護我。

「暴食」部分

一直以來，我的身形都很瘦小纖細，也很享受被大家稱讚身材。直到念研究所時，我的「暴食」部分出現了，開始飲食失調。我理解到，當時「性愛」部分被療癒，放下了她的工作，而我無法再用性愛來保護自己後，「暴食」便承擔起工作，藉由增重讓我不具有吸引力。儘管我現在和一位很棒的男人有個健康快樂的婚姻，但是每當我感到心中的不安全、或是當性創傷被觸發時，「暴食」還是會出現，用暴飲暴食來麻痺痛苦。

管理員

「療癒者」部分

因為自身的創傷，我的「療癒者」有很敏銳的能力覺察到別人的創傷，並且幫助他們療癒，而這也是我現在的工作——幫助個案療癒他們的性創傷。也因如此，我的「療癒者」常常會接下太多事情，我時常提醒她，我也是一個人類、需要休息。「療癒者」需要我的「自我」來幫助她暫停與反思。

「演員」部分

從小我就非常喜歡在舞台上表演，我的「演員」部分充滿活力、幫助把內心的痛苦轉化為角色生命。藉由演戲，「演員」讓我可以逃離到其他世界，不用面對自己的創傷。

「母愛」部分

我是一位有兩個孩子的媽媽，同時也有一個「母愛」管理員。這個部分充滿慈愛，但她也認為自己要負責保護每一個人、隨時偵測危險。她承擔太多事情、不想讓任何人感到痛苦。我非常喜歡這個部分，也不斷提醒她我是安全的，我的孩子們也是安全的。

當創傷再度浮現

好幾年來，我努力療癒上述寫出的內在部分（當然還有更多），這些部分幫助我成為一位母親、妻子、朋友、心理諮商師、家族治療師、學校諮商師、以及現在作為一位人生教練和靈氣（Reiki）治療師。我很想說：「我療癒自己了！」當佩萱邀請我寫稿時，我也是這樣認為——我創業了、有自信、身體健康、和先生孩子有很好的連結，我覺得過去的創傷全部都被療癒了。

直到二〇二一年十月我去了迪士尼樂園，才發現，完全不是這樣。

迪士尼樂園對我而言是個充滿負面回憶的地方，上次是和高中男友一起去，而那次旅行充滿創傷。就算如此，我對於帶兩個孩子去玩非常興奮，也相信過去創傷才不會影響看著孩子玩樂的喜悅。抵達後，孩子們玩得非常開心，我卻不斷浮現出十五年前發生的創傷畫面——原來當時有這麼多性創傷和情緒虐待，這些記憶早已被我的內在系統壓抑。

十五歲莫莉被觸發了，而我的其他保衛者不斷跳出來，想叫這個十五歲莫莉安靜！我的「暴食」出現，不斷把甜食、澱粉、油炸物、以及其他已經戒掉許久的食物塞進自己的嘴巴；我的「諧星」不斷搞笑開玩笑；「母愛」部分則是把所有注意力放在孩子身上……我的保衛者們成功地壓抑想要浮現出來的性創傷，直到某天晚上睡覺時，我尿床了。

那天半夜醒來時，我感覺到濕熱、黏膩，然後驚恐地意識到：我尿床了。怎麼會發生這樣的事情？隨後我理解到，當創傷被觸發時，我的保衛者們卻不斷抑制那位受創的十五歲莫莉，所以十五歲莫莉只好想其他方法來得到我的關注，於是她讓我尿床。

我輕聲換了衣服、走到飯店大廳，羞愧地跟櫃台人員說我尿床了，請他們早上在我們離開時偷偷幫忙換床單。那位櫃台人員似乎不太會說英文，也無法理解為什麼我會尿床。當我走離櫃台時，她叫住我，用很溫柔慈悲的聲音說：「我很抱歉妳發生這樣的事情！」

這正是十五歲的莫莉需要的，她需要有人跟她說：「我很抱歉妳經歷了這些事情。」但是我卻沒有這樣溫柔對待她。

這次旅行讓我學到許多寶貴訊息：第一，療癒創傷是一輩子的工作，不會結束。第二，當我們不願意面對創傷時，有時候身體就會用激烈的方式傳遞訊息，像是我的被放逐者需要藉由尿床，才讓我關注到性創傷。

再來，有時候讓保衛者出動是沒關係的，因為遊樂園裡無法真正做治療工作，所以我有意識地繼續讓「暴食」大吃大喝，然後給予自己許多同理與慈悲。最後我學習到，我們能同時感受到創傷與喜悅，我完全沒有預期這場旅行會發生這樣的事情，但我也很感激因為這樣，讓我有機會去療癒尚未被處理的創傷。我能夠喜悅地看著孩子快樂地玩、眼角泛淚看著樂園晚上美麗的煙火，同時讓那位十五歲莫莉站在我孩子身邊，讓她看見迪士尼裡快樂開心的世界。

療癒工作，永遠不會結束

我很想說，從迪士尼樂園回來後一切都很美好，但很令人失望的，事情並不是這樣。回來後我依舊感到痛苦，我內在部分們非常需要我。我覺得，好像過去所做的療癒工作都消失了，現在又要捲土重來一次。

回來後，我讓「寫作」繼續寫這篇，但是她不知道該如何寫，因為人生並不像她本來想寫的樣貌發展。「寫作」無法幫助我。接著我被邀請到當地劇院演戲，雖然我的「演員」部分很興奮，但從表演中我得不到滿足的感覺。這次「演員」也無法幫我從表演中逃離到另一個世界。我的「暴食」持續出現、讓我暴飲暴食，兩個月內增加了十磅。這個被觸發的性創傷讓我無法和先生連結，也無法給予個案療癒空間。我的 ADHD 部分讓我分心，我不斷拖延各種事情，累積許多待辦事項。

我完全迷失了，我感覺自己無法處在「自我」狀態，過去那些保護者使用的方式，對我已經不再適用了。

於是，我坐了下來，和我的內在部分們對話：「我知道去迪士尼很痛苦，我現在在這裡陪妳們。我試著想要幫助妳們，但是都沒有用。你們現在需要什麼？我可以怎麼做？」然後我聽到訊息：「我們需要肢體律動，我們對心理諮商感到厭煩了、不要再叫我們說話了。妳需要開始游泳和跳舞。」

我照做了。我開始每天游泳、做重訓、然後上肢體律動課程。因為這些身體律動，我重新回到我自己、回到「自我」狀態。

幾年前，我天真地認為自己已經療癒了所有創傷，而現在我學習到，當創傷再度浮現，並不是表示我失敗了、也不是我做不好，而是我的內在部分需要新的方式療癒，而我也有能力幫助她們轉變與療癒。我有能力傾聽、幫助、領導她們。我學習到：生命會不斷改變，我的內在部分也在轉變，然後療癒之旅永遠不會終止。

ＩＦＳ改變了我的生命，也讓我持續轉變。因為我能夠面對內心所有部分，所以我知道自己的黑暗面、也知道我的力量。因為和內在部分的關係改變了，我的其他關係也跟著改變。我知道自己有缺陷、不完美、但依舊很美麗、很完整。

親愛的讀者，謝謝你，讓我的內在部分能夠分享他們的故事。同樣的，我也非常尊敬你的內在部分和他們的故事。你是多重的、複雜的、也是完整的。

21 回家

現在我了解，向外尋找不會有答案，因為家在我的內心裡——當我回到我的本質、享受我的存在，我就有回家的感覺。

我猜想，每個人的一生都可能會發生深刻改變你的重大事件，讓你將人生劃分成「事件前」與「事件後」，二〇二〇年爆發的新冠肺炎疫情，對我來說就是這樣的重大事件，疫情改變了我如何生活以及人生優先順序。現在的我，就和疫情前的我非常不同。

而我人生中還有另一個影響我的重大事件，在二〇一八年情人節前夕，我所熟悉的世界突然間碎裂了。

我深刻記得跨年邁入二〇一八年時，心中對於新的一年充滿興奮與期待：我預計博士班畢業、要結婚、並搬到新的城市工作。

而新的一年到來，我預期的事情，沒有任何一件如期發生。

我經歷了一場毫無預期的戀情背叛，把我本來熟悉的世界震碎，打亂我本來的規劃。

我延期畢業，本來要搬去的城市不用去了，我對未來充滿茫然，不知道接下來要去哪裡、會發生什麼事情。

這個突如其來的改變，讓我的內在部分們十分慌亂，我的「女超人」總會把人生規劃好、讓一切都在她掌控中，如今她規劃好的未來全都消失了，她非常恐懼，不知道如何面對未知。

我的「照顧人」部分開始怪罪自己，覺得是我的錯、我做得不夠好，才會發生這樣的事情。

而我內心那些被放逐的孩子們，她們心中的恐懼和信念都成真了——我不重要、我沒價值、我被拋棄。我充滿憤怒、悲傷、震驚、失落、恐懼、痛苦……。

光是寫下這些文字，我都能感覺到身體的反應——胸口沉重、眼眶脹熱、呼吸急促……，似乎我的身體回到了好幾年前的那些時刻。

現在回想起來，我非常感謝當時的自己，願意停下本來快速的生活步調，和痛苦情緒待在一起。

因為，正是那些痛苦，開始帶著我走回內心世界。

我開始做諮商、讓自己的人生慢下來、嘗試去感受情緒、以及面對內心該處理的議題。

二〇一八年，我規劃的事情一件都沒發生，但發生了許多沒預期到的美好事情——那些痛苦情緒，把保衛者築起的心牆擊碎了；也因為牆倒塌了，我能夠真正走入內心，也讓其他人走入我的內心——

我的家人、朋友、督導、博士班的教授與同學、同事。那是我人生中第一次感受到：原來我一點都不孤單，我不是只有一個人。

過去幾年來，我堅定地走在這條療癒旅程，我開始做內在家庭系統

（IFS）治療，我認識了自己的管理員、救火員，我看見了被放逐在內心邊疆的受創孩子。

我理解到，原來過去的親密關係中，我就像是「神奇廚房」比喻中第二種情境——內心受創孩子感受不到來自我的愛，所以需要從伴侶身上討愛。也因為她們害怕被拋棄，我的保衛者們在關係中努力展現完美、犧牲自己的需求。過去，內心常常出現聲音告訴我「要離開」，但我不敢傾聽「要離開」的訊息，讓自己繼續待在根本不適合的關係，我也背叛了我自己。

二〇一八年時，我以為自己的世界碎裂了。

幾年後我理解到：那個被擊碎的世界，是我的保衛者們建構的世界，根本不是我要的世界。

原來，當保衛者建立的世界被擊碎了，我才有機會去建立一個我真正想要的世界。

在內心深處，我找到珍貴的孩子們

美國作家約瑟夫．坎伯（Joseph Campbell）說：「你最不敢踏足的洞穴中，就藏著你所尋找的寶藏。」

過去幾年來，我對自己感到最驕傲的事情，不是學歷或成就、不是出了幾本書或是辦多少演講，而是我願意走進我害怕的洞穴中、去面對內心深處的痛苦和恐懼。

在那裡，我找到了極度珍貴的寶藏。

我找到了內心那些被放逐的孩子們。

我陪著這些孩子療癒，當這些孩子卸除「我不重要、不會有人愛我」的重擔信念後，她們開始拾回原本的美好特質。

在這些珍貴的內在孩子身上，我找回了創造力、玩樂、去感受的能力、脆弱面、和想要與人連結的能力。

當然這些孩子偶爾還是會感到痛苦，但現在她們知道可以來找我——她們知道自己不再孤單了，因為我會在這裡陪她們，不管外在世界發生什麼事情，她們都有我，我會好好愛她們。

過去這段期間，我發現自己更常創作了，我原以為這是疫情中的新興趣，但後來我發現，這是我內在被放逐的孩子們回家了，我正在和她們源源不絕的創造力做連結。

IFS創辦人史華茲博士提到，許多個案在進入「自我」領導後，人生優先順序會有很大的改變，這一年多來我也覺察到這些改變——學歷、成就、工作頭銜、學術圈該走的路徑、別人會如何看待我……，那些過去我覺得重要的東西，現在，一點都不重要了。

原來，以前我的人生目標，是我的「女超人」的人生目標，並不是我的。

當我開始成為內在家庭裡的「大人」後，我的保衛者們也開始轉變。過去，我的「女超人」認為生產力是最重要的事情，而現在，「女超人」會協助我規劃時間，做我覺得重要的事情——創作、寫作、閱讀、和人連結、與大自然連結。

她常常會問我：「這些是妳生命中重要的事情嗎？妳真的要把時間花在這些事情上面嗎？」原來，當「女超人」卸除了「一定要工作」的重擔後，她就拾回了本來的特質——能夠冒險、嘗新、探索不同可能性。原來，我的「女超人」充滿智慧，不斷提醒我要過有意義的人生。

當我的「照顧者」部分卸下「我的需求不重要，滿足別人的需求才會被愛」的重擔後，她開始幫我建立界線、幫我拒絕邀約，讓我有空間做我真正有熱忱、對我有意義的事情，而不是對任何邀約都說好。

當我的保衛者們不需要再凍結在本來的角色行為中，另一個美麗的世界就進到我的生命裡——我開始能夠充滿好奇心地觀察這個世界、能夠慢下來、能夠活在當下。

甚至，我開始對於「未知」抱持著好奇和興奮感：如果不計劃，而是讓生命自然展開，那人生會是什麼樣子？還有哪些部分的自己，是我根本還不認識的？

當我能回到我的本質，就是回家

在寫這本書時，「家」（Home）這個字常常冒出來，在美國居住十年，經常往返台灣和美國，我常思考：「到底哪裡是家？」

一直以來，我都找不到這個問題的答案，但現在我理解到：我找錯地方了。過去我一直在「向外」尋找答案、評估外在的環境、決定哪裡是家。

現在我了解，向外尋找不會有答案，因為家在我的內心裡——當我回到我的本質、享受我的存在，我就有回家的感覺。

以IFS的語言來說，當我能夠回到「自我」狀態，我的內在部分能夠安心自在地待在我的內心世界裡，這就是家。

一個美好的家並不是要每位家庭成員看起來完美，而是每位家庭成員可以感覺到被傾聽、理解、可以展現真實的自我、能夠安心待在這個家裡。

我想要打造一個內心的家，讓我的每一個內在部分感覺到被接納。

當然，我的療癒之旅還是繼續進行著，我相信自我探索是一輩子的工作。我持續做ＩＦＳ治療，去認識自己更多內在部分。

偶爾，我的保衛者會落入過去習慣的角色中，而我會好好安撫他們；那些被放逐孩子有時候也會感到痛苦，我也會好好陪著她們。

我的內在部分回家了，我也非常希望你的內在部分可以回家，而你是那位可以帶他們回家的人。

我非常希望，這本書可以幫助你，開始認識你的內在部分、愛他們、然後帶他們回家。

祝福我們都走在回家的路上。

後記

這本書，是要獻給你

寫這篇後記的當下，我覺得非常不真實。

一直以來，我都很想寫一本介紹內在家庭系統治療（ＩＦＳ）的書，二〇一八年簽了書約，有三年多的時間我寫不出來，我甚至不知道，我能不能真的寫出一本介紹ＩＦＳ的書。所以寫這篇後記讓我百感交集——我真的寫出這本書了！

這也是一本寫作過程最有趣的書——從本來對寫這本書充滿恐懼，到後來對寫這本書充滿興奮；從本來每天坐在電腦螢幕前打不出一個字，到後來每天幾千字不斷湧出來。我想，我能寫出這本書，是因為我的內在部分想跟你的內在部分說話。我的保衛者們和被放逐的孩子們，想跟你的保衛者和被放逐的孩子說：你們一點都不孤單！

我在寫這本書時，心中想著的是每一位會讀到這本書的你。

如果你翻到書最前面的獻詞頁，這本書就是要獻給你的內在部分——你的管理員、救火員、以及被放逐的孩子們。他們一直以來都很努力幫助你，他們可能不被理解、被評價指責，就算如此，他們還是繼續保護你、努力做著他們認為可以幫助你的行為。

雖然我不認識在讀這本書的你，但我對你的保護者們充滿感激與敬畏，我想跟你內心每一位保衛者說：「謝謝你們這麼努力保護想保護的人。」

我也對你內心被放逐孩子們充滿不捨，他們替你承擔痛苦情緒，然後被趕到內心邊疆。我想告訴這些孩子們：「你很有價值、你是被愛的。」

而我知道，你的保衛者和被放逐孩子最希望聽到說這些話的人是你，不是我。所以我寫這本書，希望你能夠走進內心世界，好好認識理解他們，然後和他們說：你愛他們。

前陣子我看了紀錄片《創傷的智慧》，影片中加拿大醫師蓋伯・麥特（Gabor Maté）定義創傷是「和自己失去連結」——當過去發生痛苦事件時，你沒有能力和這些痛苦情緒待在一起，就需要和自己失去連結。因為若待在自己的身體裡，要感受情緒實在太痛苦了，你只好「離開」。

以IFS的觀點來說，創傷的確就是「和自己失去連結」，因為過去的傷痛，你的內在部分承擔起幫助你存活的職責，壓抑他們本來擁有的美好特質。他們會這麼做，都是在幫助你、讓你能繼續生活。

而創傷復原，就是重新找回和自己的連結，找回內心那些被放逐的部分，讓他們重新回家。麥特醫生說，這部紀錄片會取名為《創傷的智慧》，有兩個含意。第一是我們從處理創傷的復原過程中，會得到許多智慧。

過去發生的傷害都不是為了要「教導」我們什麼，那些傷害都是世代累積下來的創傷、傳到我們身上。但是，從處理自己傷痛的過程中，我們可以得到許多智慧。我看著麥特醫生和其他創傷治療界的專家們，他們也都經歷過創傷，而從他努力復原的過程中，把獲得的智慧傳承給我們。如果他們沒有踏上復原之旅，今天我也無法得到這些寶貴的知識和智慧。

我想著，如果我們每個人都有機會處理自己過去的傷痛，我們就都能找到許多智慧，那麼，這個世界一定會變得很不一樣！

《創傷的智慧》的第二個含意是指我們的身體充滿智慧——身體會做出任何幫助我們存活的事情，像是解離、麻痺情緒、成癮行為、憂鬱……，這些行為也都是為了保護我們。

當我理解到身體的智慧時，我想著：我們的內在部分真的充滿了智慧啊，他們可以想到用暴飲暴食來麻痺你的情緒、想到用不斷羞辱你的方式幫助你進步、想到讓你身心解離來不用感受情緒……，在你年幼無助時，你的內在部分可以想到這麼多方式幫助你存活，想到這裡，就讓我對我自己的內在部分，以及對每一個人的內在部分，充滿尊敬與感激。

我相信我們每一個人都緊密連結著，我們和地球上的每一種生命、土地、以及大自然也都緊密連結著。當我有機會療癒，就能讓你變得更好，當你有機會療癒，也能讓我變得更好，因為我們每個人之間是如此深深連繫著。所以，我希望寫這本書，讓你知道如何使用ＩＦＳ，讓你有機會進到內心去認識你的內在部分，展開你自己的療癒之旅。然後，我們都可以找回自己是誰。

附錄

IFS資源介紹

若你想更深入了解內在家庭系統（IFS），以下是IFS資源網站與書籍，供大家參考。

IFS Institute

（https://ifs-institute.com/）：這是IFS官方網站，可以從這個網站中找到IFS正式訓練課程資訊、研討會、書籍、影片、以及其他資源。

IFS相關書籍

- 《No Bad Parts: Healing Trauma and Restoring Wholeness with the Internal Family Systems Model》by Richard Schwartz（2021）
- 《Transcending Trauma: Healing Complex PTSD with Internal Family Systems》by Frank Anderson（2021）
- 《Somatic Internal Family Systems Therapy: Awareness, Breath, Resonance, Movement and Touch in Practice》by Susan McConnell（2020）
- 《Internal Family Systems Therapy: 2nd Edition》by Richard Schwartz & Martha Sweezy（2020）
- 《Internal Family Systems Skills Training Manual: Trauma-Informed Treatment for

Anxiety, Depression, PTSD & Substance Abuse》by Frank Anderson（2017）

- 《Internal Family Systems Therapy with Children》by Lisa Spiegel（2017）
- 《Innovations and Elaborations in Internal Family Systems Therapy》by Martha Sweezy & Ellen L. Ziskind（2016）
- 《Internal Family Systems Therapy: New Dimensions》by Martha Sweezy & Ellen L. Ziskind（2013）
- 《Self-Therapy: A Step-By-Step Guide to Creating Wholeness and Healing Your Inner Child Using IFS, A New, Cutting-Edge Psychotherapy》by Jay Earley（2012）
- 《You Are The One You've Been Waiting For: Bringing Courageous Love To Intimate Relationships by Richard Schwartz（2008）

- 《Parts Work: An Illustrated Guide to Your Inner Life》by Tom Holmes & Lauri Holmes（2007）
- 《Introduction to the Internal Family Systems Model》by Richard Schwartz（2001）

國家圖書館出版品預行編目資料

擁抱你的內在家庭:運用IFS，重新愛你的內在人格，療癒過去受的傷 / 留佩萱作. -- 臺北市：三采文化, 2022.04
面；　公分. -- (Mind map ; 235)
ISBN 978-957-658-743-6(平裝)

1.CST: 心理學 2.CST: 心理治療

170　　110022301

suncolor 三采文化集團

Mind Map 235

擁抱你的內在家庭

運用 IFS，重新愛你的內在人格，療癒過去受的傷

作者｜留佩萱
副總編輯｜鄭微宣　責任編輯｜藍匀廷
美術主編｜藍秀婷　封面設計｜池婉珊　內頁排版｜魏子琪
行銷經理｜張育珊　行銷企劃｜陳穎姿

發行人｜張輝明　總編輯｜曾雅青　發行所｜三采文化股份有限公司
地址｜台北市內湖區瑞光路513巷33號8樓
傳訊｜TEL:8797-1234　FAX:8797-1688　網址｜www.suncolor.com.tw
郵政劃撥｜帳號：14319060　戶名：三采文化股份有限公司
初版發行｜2022年 4 月 1 日　定價｜NT$420
6 刷｜2023年10月10日